NORMAN SOLOMON · REESE ERLICH

Angriffsziel Irak

Buch

Das erste Opfer eines angekündigten Krieges ist wieder einmal die Wahrheit. In bemerkenswertem Gleichklang mit der US-Regierung vermarkten die Medien den Krieg auf beispiellose Weise: Für die Kundschaft gibt es Amtswahrheiten, private Ansichten und auch Schwindeleien. Das der Öffentlichkeit vermittelte Bild wird in diesem Buch kritisch beleuchtet und ergänzt, etwa durch unzensierte Stimmen aus dem Irak. Die Autoren untersuchen die politische Tragweite des Wirtschaftsfaktors Öl. Sie schreiben von der unterschlagenen Geschichte zerstörter Nuklearwaffenarsenale und von der verheerenden Gefahr, die diese für die Menschen vor Ort darstellen. Experten analysieren und kommentieren Schlüsseldokumente der Irakkrise und der bekannte Schauspieler und Regisseur Sean Penn antwortet in einem offenen Brief an George W. Bush auf die Präventivkriegsdoktrin der US-Regierung.

Autoren

NORMAN SOLOMON ist Gründer und Direktor des »Institute for Public Accuracy«, einer Gruppe von Politikwissenschaftlern und politischen Kommentatoren. Er veröffentlicht regelmäßig Beiträge in großen amerikanischen Zeitungen wie »New York Times«, »Washington Post« und »Los Angeles Times« und ist als Autor medienkritischer Sachbücher bekannt. Solomon ist Mitglied der amerikanischen Vereinigung FAIR (Fairness & Accuracy in Reporting).
REESE ERLICH begann seine journalistische Karriere als investigativer Reporter vor 35 Jahren. Seit über zehn Jahren arbeitet er darüber hinaus als Dozent für Medientheorie und - praxis an der Universität von Kalifornien. Für seine journalistische Arbeit wurde er vielfach ausgezeichnet. In den Irak reiste Erlich im Auftrag eines kanadischen sowie verschiedener amerikanischer Rundfunksender. Für den Funk produzierte er eine viel beachtete Dokumentation über Kinder im Krieg – »Children of War. Fighting, Dying, Surviving«.

Norman Solomon
Reese Erlich

Angriffsziel Irak

Wie die Medien
uns den Krieg verkaufen

Aus dem amerikanischen Englisch
von Michael Müller, Hanna van Laak
und Susanne Kuhlmann-Krieg

GOLDMANN

Die Originalausgabe erschien unter dem Titel
»Target Iraq« bei Context Books, New York.

Deutsche Erstveröffentlichung

Der Goldmann Verlag ist ein Unternehmen
der Verlagsgruppe Random House GmbH

Deutsche Erstausgabe April 2003
© 2003 der deutschsprachigen Ausgabe
by Wilhelm Goldmann Verlag, München,
in der Verlagsgruppe Random House GmbH
© 2003 der Originalausgabe
by Norman Solomon and Reese Erlich
Einleitung © 2003 by Howard Zinn;
eine frühere Fassung dieses Beitrags erschien in »The Progressive«
Nachwort © 2003 by Sean Penn
Anhang Teil 1 wurde erstmals veröffentlicht
von FAIR (Fairness & Accuracy in Reporting), 2002
bei Context Books © YEAR PUBLISHER
Umschlaggestaltung: Design Team München
Umschlagfoto: AP/Worldwide Photo
Satz: DTP im Verlag
Druck: Elsnerdruck, Berlin
Verlagsnummer: 15267
KF · Herstellung: Sebastian Strohmaier
Made in Germany
ISBN 3-442-15267-4
www.goldmann-verlag.de

1 3 5 7 9 10 8 6 4 2

Inhalt

Einführung   7
Von Howard Zinn

Prolog   15
von Norman Solomon

Irak am Abgrund   21
von Norman Solomon

Berichterstattung in den Medien: Ein Blick von unten   29
von Reese Erlich

Der Krieg der Medien   40
von Norman Solomon

Stimmen von den Straßen des Irak   55
von Reese Erlich

Tendenziöse Berichterstattung über den 11. September,
Terrorismus und Massenvernichtungswaffen   64
von Norman Solomon

Abgereichertes Uran: Amerikas schmutziges Geheimnis   78
von Reese Erlich

Eine Tarnkappe für den Unilateralismus   89
von Norman Solomon

Sanktionen 106
von Reese Erlich

Der Marsch in den Krieg 116
von Norman Solomon

Die Ölfrage 126
von Reese Erlich

Nachwort 137
von Sean Penn

Anhang

I. Sensationsmeldung: Spionageskandal der Vereinten
Nationen 145

II. Kritische Analyse der Bush-Rede vom 7. Oktober 2002 ... 149

III. Die Resolution 1441 des Sicherheitsrats
der Vereinten Nationen 184

Einführung

von Howard Zinn

In all den feierlichen Erklärungen von wichtigtuerischen Politikern und Zeitungskolumnisten über einen bevorstehenden Krieg gegen den Irak und sogar in den besorgten Kommentaren mancher, die gegen einen solchen Krieg sind, fehlt etwas. Da wird über Strategie und Taktik, über Geopolitik und über die Persönlichkeit bestimmter Leute geredet. Man spricht über Luftkrieg und Bodenkrieg, über Allianzen und über Massenvernichtungswaffen, über Waffeninspektionen, über Öl und Erdgas, über Nationenbildung und einen »Regimewechsel«.

Worüber aber nicht geredet wird, ist, was ein amerikanischer Militärschlag gegen den Irak den Zehntausenden oder Hunderttausenden ganz gewöhnlicher Menschen antun wird, die sich nicht mit geopolitischen Fragen und Militärstrategien befassen, sondern einfach nur wollen, dass ihre Kinder am Leben bleiben und groß werden können. Sie sind nicht um »nationale Sicherheit« besorgt, sondern um ihre persönliche Sicherheit. Ihnen liegt am Herzen, dass sie zu essen haben, ein Dach über dem Kopf, medizinische Versorgung – und Frieden.

Ich spreche von jenen Irakern und Amerikanern, die, mit absoluter Sicherheit, in einem solchen Krieg sterben oder ihre Gliedmaßen oder ihr Augenlicht verlieren werden. Die sich vielleicht auch eine qualvolle Krankheit zuziehen werden, die dazu führt, dass sie missgebildete Kinder zur Welt bringen (wie es Familien in Vietnam, im Irak und auch in den Vereinigten Staaten zugestoßen ist).

Es stimmt, dass hin und wieder über die Verluste diskutiert worden ist, die die Amerikaner bei einer Invasion des Irak durch Bodentruppen hinnehmen müssten. Doch wie immer, wenn die Strategen über so etwas diskutieren, geht es nicht um die Toten und Verwundeten als Menschen, sondern darum, bei welcher Menge von amerikanischen Opfern die öffentliche Unterstützung für den Krieg erlöschen würde und was für Auswirkungen das auf die kommenden Kongress- und Präsidentschaftswahlen haben würde.

Das war es, was Lyndon B. Johnson vor allem anderen beschäftigte, wie Tonbandmitschnitte von Gesprächen im Weißen Haus uns verraten haben. Er sorgte sich darum, dass Amerikaner sterben würden, wenn er eine Eskalation des Kriegs in Vietnam betrieb, doch am meisten bangte er um seine politische Zukunft. Wenn wir aus Vietnam abziehen, fragte er seinen Freund Senator Richard Russell, »werden sie ein Amtsenthebungsverfahren gegen mich einleiten, oder?«

In jedem Fall sind amerikanische Soldaten, die im Krieg getötet werden, Zahlenmaterial für Statistiken. Und Menschen als Individuen kommen in diesen Statistiken nicht vor. Es bleibt den Dichtern und Romanschriftstellern überlassen, uns an der Schulter zu fassen und zu schütteln – und uns aufzufordern, Augen und Ohren zu öffnen. Im Ersten Weltkrieg starben zehn Millionen Menschen auf den Schlachtfeldern, doch wir waren auf jemand wie John Dos Passos angewiesen, damit wir damit konfrontiert wurden, was diese Zahl bedeutete. In seinem Roman *1919* erzählt er vom Tod des John Doe: »In der Teerpappen-Morgue in Châlons-sur-Marne, im Schwalm des Chlorkalks und der Toten, suchten sie den Fichtensarg, der alles enthielt [...], was man zusammengescharrt hatte [...], die Fetzen vertrockneter Eingeweide und [...] Haut, in Khaki gehüllt [...]«.

Der Krieg in Vietnam war ein Krieg, der unsere Köpfe mit Statistiken anfüllte; eine Zahl prägte sich vor allen anderen ein und wird auch auf jenem schlichten Denkmal in Washington festgehalten: 58 000 Tote. Man müsste jedoch die Briefe lesen, die Soldaten kurz vor ihrem Tod schrieben, damit aus dem statistischen Material menschliche Wesen erstehen. Und um sich in alle jene hineinzufühlen, die nicht starben, aber auf irgendeine Weise verstümmelt wurden, die Amputierten und doppelseitig Gelähmten, müsste man in Ron Kovics *Geboren am 4. Juli* den Bericht darüber lesen, wie sein Rückgrat zerschmettert und seine Biografie umgeschrieben wurde.

Was die Toten in den Reihen »des Feindes« betrifft – das heißt, jene jungen Männer, die man eingezogen, beschwatzt oder überzeugt hat, ihre Körper gegen die unserer jungen Männer in die Schlacht zu werfen, so sind sie unseren politischen Führern, unseren Generälen, unseren Zeitungen und Magazinen, unseren Fernsehanstalten gleichgültig. Bis heute haben die meisten Amerikaner keine oder nur eine vage Vorstellung davon, wie viele vietnamesische Soldaten und Zivilisten durch amerikanische Bomben und Granaten ihr Leben verloren haben (es war jeweils eine Million).

Und für diejenigen, die diese Zahlen kannten, blieben die Männer, Frauen und Kinder, die sich hinter den Ziffern verbargen, unbekannt, bis eines Tages ein Foto von einem kleinen vietnamesischen Mädchen veröffentlicht wurde, das eine Straße hinunterlief, die Haut vom Napalm zerfetzt. Sie bleiben unbekannt, bis Amerikaner Bilder von Frauen und Kindern sahen, die zusammengekauert in einem Schützengraben hockten – vor ihnen GIs, die ihre Körper mit Patronen aus ihren MGs voll pumpten.

Vor mehr als zehn Jahren, in dem ersten Krieg gegen den Irak, waren unsere politischen Führer stolz auf die Tatsache, dass die Amerikaner nur ein paar hundert Opfer zu beklagen hatten (man fragt sich, ob die Angehörigen der Gefallenen das Wort »nur« angebracht finden). Als ein Reporter von General Colin Powell wissen wollte, ob ihm bekannt sei, wie viele Iraker in diesem Krieg umgekommen seien, antwortete er: »Ich bin wirklich nicht übertrieben an der Zahl interessiert.« Ein ranghoher Mitarbeiter des Pentagon äußerte gegenüber dem *Boston Globe*: »Ehrlich gesagt konzentrieren wir uns nicht auf diese Frage.«

Die Amerikaner wussten, dass ihr Land im Golfkrieg nur wenige Soldaten verloren hatte, und die Kontrolle, die die Regierung de facto über die Presse hatte und der sich die Medien kleinmütig unterwarfen, stellte sicher, dass das amerikanische Volk nicht, wie es im Fall des Vietnamkriegs geschehen war, mit toten und sterbenden Irakern konfrontiert werden würde.

Hin und wieder erhielt man Einblick in die Schrecken, denen das irakische Volk ausgesetzt war – die Wahrheit blitzte in den Zeitungen ganz kurz auf, verschwand aber gleich wieder und geriet in Vergessenheit. Mitte Februar 1991 warfen amerikanische Flugzeuge um vier Uhr morgens Bomben auf einen Luftschutzbunker in Bagdad ab. Dorthin hatten sich einige Männer, vor allem aber Frauen und Kinder, geflüchtet, um sich vor dem ununterbrochenen Bombardement in Sicherheit zu bringen. Vier- bis fünfhundert Personen kamen bei dem amerikanischen Luftangriff um. Ein Reporter von Associated Press, einer der wenigen, denen man es gestattete, den Ort des Geschehens in Augenschein zu nehmen, sagte: »Die meisten Leichen, die man geborgen hatte, waren bis zur Unkenntlichkeit verkohlt oder verstümmelt.«

In der letzten Phase des Golfkriegs unternahmen amerikanische Bodentruppen einen Angriff auf den Irak und stießen dabei – wie es zuvor bei den Luftangriffen der Fall gewesen war – auf so gut wie keinen Widerstand. Jetzt, da der Sieg ihnen schon gewiss war und die irakischen Streitkräfte allenthalben die Flucht angetreten hatten, ließen amerikanische Flugzeuge Bomben auf die sich zurückziehenden gegnerischen Soldaten herabregnen, die die aus Kuwait City führende Überlandstraße verstopften. Ein Reporter sprach von »einem flammenden Inferno [...], einem schauerlichen Testament. [...] Nach Osten wie nach Westen hin lagen auf dem Sand verstreut die Leichen derer, die zu fliehen versucht hatten.«

Über diese grauenhafte Szene wurde für einen kurzen Moment

in der Presse berichtet, dann aber fiel sie in dem Jubel über einen siegreich beendeten Krieg, in den Politiker beider Parteien und die Medien einstimmten, der Vergessenheit anheim. Präsident Bush krähte triumphierend: »Das Schreckgespenst Vietnam ist für immer im Wüstensand der arabischen Halbinsel begraben worden.« Die großen Nachrichtenmagazine *Time* und *Newsweek* ließen Sonderausgaben erscheinen, in denen der Sieg in diesem Krieg bejubelt wurde. In beiden Heften wurden Hunderte von Seiten den Siegesfeierlichkeiten gewidmet und voller Stolz auf die wenigen amerikanischen Todesopfer eingegangen. Über die Zehntausende von Irakern – Soldaten und Zivilisten –, die zunächst Opfer von Saddams Tyrannei und dann Opfer von Bushs Krieg geworden waren, verloren sie kein Wort.

Darüber wurden keine Zahlen veröffentlicht, und – das war noch viel wichtiger – es gab kein einziges Foto von einem toten irakischen Kind, keine Namen von Irakern, die umgekommen waren, keine Zeugnisse von Leid und Not, nichts, das dem amerikanischen Volk hätte vermitteln können, was unsere überlegene Kriegsmaschinerie anderen zufügt.

Das wurde mir wieder im Dezember 1998 schlagartig klar, als die Regierung Clinton eine Reihe von Bombenangriffen auf den Irak fliegen ließ, und es wieder keinerlei Hinweis auf die Folgen dieser Bombardements für die Menschen gab. Mich erreichte damals aber eine E-Mail von einem irakischen Arzt, der in Großbritannien lebte.

»Ich bin ein irakischer Staatsbürger, der wegen der Brutalität von Saddams Regime hier im Vereinigten Königreich Zuflucht gesucht hat. Saddam hat innerhalb von zwei Jahren nicht nur meinen unschuldigen alten Vater ermordet, sondern auch meinen Bruder, der Frau und Kinder hinterließ. [...] Ich schreibe Ihnen, um Sie wissen zu lassen, dass am zweiten Tag des [amerikanischen] Luftangriffs auf den Irak eine *cruise missile* das Haus meiner Eltern in einem Vorort Bagdads getroffen hat. Meine Mutter, meine Schwägerin (die Frau meines verstorbenen Bruders) und ihre drei Kinder sind sofort getötet worden. [...] Ich weine, ohne dass mir noch Tränen kommen [...].«

Auch über die Bombardierung Afghanistans ist so berichtet worden, als ob Menschen ohne große Bedeutung wären. Sie ist als »Krieg gegen den Terrorismus« dargestellt worden, nicht als Krieg gegen Männer, Frauen, Kinder. Den wenigen Presseberichten über »Zwischenfälle« schlossen sich sofort Dementis, Entschuldigungen, Rechtfertigungen an. Es ist ab und zu davon geredet worden, dass eine gewisse Anzahl von Afghanen ihr Leben verloren hat – aber immer hat man es dabei belassen, diese Ziffer zu nennen.

Selten hat man etwas über das menschliche Drama erfahren, Namen gehört, Bilder gesehen. Eine Wahrheit dieser Art sah man immer nur ganz kurz aufblitzen, wie eines Tages, als ich über einen 10-jährigen Jungen namens Noor Mohammed las, der in einem Krankenhaus an der Grenze zu Pakistan lag: Er hatte seine Augen verloren, die Hände waren ihm abgerissen worden – durch amerikanische Bomben.

Sicher: Wir müssen über die politischen Fragen diskutieren. Wir müssen darauf hinweisen, dass ein Angriff auf den Irak eine flagrante Verletzung des internationalen Rechts darstellen würde. Wir müssen darauf hinweisen, dass der Besitz von gefährlichen Waffen für sich genommen noch keinen Anlass für einen Krieg liefert – sonst müssten wir gegen ein Dutzend Länder Krieg führen. Wir müssen darauf aufmerksam machen, dass das Land, das über weit mehr »Massenvernichtungswaffen« verfügt als jedes andere auf der Welt, unser eigenes Land ist, das diese Waffen auch häufiger und mit fataleren Folgen eingesetzt hat als jedes andere Land auf der Welt. Wir müssen auf unsere nationale Geschichte verweisen, auf die Expansion, die wir betrieben haben, und die Aggressivität, mit der wir das gemacht haben. Wir müssen über die unabweisbaren Belege für Irreführung und Heuchelei in den höchsten Regierungskreisen sprechen.

Doch sollten wir, wenn wir uns mit einem amerikanischen Angriff auf den Irak befassen, nicht darüber hinausgehen, auf das zu antworten, was die Politiker und die Experten dazu zu sagen haben? (John le Carré lässt eine seiner Romanfiguren bekennen: »Ich hasse Experten mehr als sonst irgendwen auf der Erde.«) Sollten wir nicht jedermann auffordern, für einen Moment mit dem aufgeblasenen Gerede aufzuhören und sich vorzustellen, was ein Krieg jenen Menschen antun wird, deren Gesichter wir nicht kennen lernen werden, deren Namen auf keinem zukünftigen Denkmal stehen werden?

Prolog

4. Dezember 2002: Am Ufer des Tigris, unweit vom Zentrum Bagdads, führte eine Irakerin einige Ausländer durch eine Wasseraufbereitungsanlage, die während des Golfkriegs Anfang 1991 stark beschädigt worden war. Sie sprach mit ruhiger, fester Stimme und erklärte uns verschiedene technische Details. Als jemand sie jedoch nach der Möglichkeit eines neuen Kriegs im Jahr 2003 fragte, wurde ihre Stimme zittrig.

Eine junge Amerikanerin versuchte sie zu trösten. »Ihr seid stark«, sagte sie.

»Nein«, antwortete unsere Führerin voll Emphase. »Nicht stark.« Tränen stiegen ihr in die Augen, und nach ein paar Augenblicken vollendete sie ihren Satz: »Wir sind müde.«

Sie sprach für sich selbst, aber auch, wie es schien, für die meisten ihrer Landsleute. Nach so viel Trauer, Leid und nervlicher Anspannung waren sie erschöpft – und sie hatten Angst vor dem, was die Zukunft ihnen wahrscheinlich bringen würde.

Für einen Amerikaner war das Bewegendste an jedem Besuch in Bagdad vielleicht das enge und persönliche Zusammentreffen mit den Einwohnern der Stadt, mit Irakern also, die ja von der Berichterstattung der amerikanischen Medien routinemäßig unsichtbar oder zu höchst ephemeren Erscheinungen gemacht werden. Es ist sehr einfach, die Bombardierung von Menschen zu akzeptieren, die einem nie richtig wie solche vorgekommen sind, deren Leiden etwas Abstraktes und Fernes für einen ist. Ihnen in die Augen zu schauen kann das ändern. Um es mit den Worten meines Gefährten auf jener Reise zu sagen, des Schauspielers und Regisseurs Sean Penn: »Ich musste einfach hierher kommen und ein Lächeln sehen, eine Straße betrachten, die Gerüche riechen, mit den Menschen reden und alle diese Eindrücke mit nach Hause nehmen.«

Als wir durch die Straßenzüge von Saddam City fuhren, einem Elendsviertel von Bagdad, erzählte ein UNICEF-Mitarbeiter von den Anstrengungen, die man unternommen hatte, um den Gesundheitszustand der dort lebenden Kinder zu verbessern. Die Fortschritte mussten hart erkämpft werden und haben sich nur fürchterlich schleppend eingestellt. Ich bekam eine Ahnung von dem, welche Folgen ein weiterer Krieg für diese Kinder haben würde.

Als wir zu einer Grundschule kamen, wurde unsere Stimmung düster. Die Mauern bröckelten. Es roch nach Abfall. Der Betonboden des Schulhofs war eingesunken, und der Direktor berichtete, dass er sich bei Regen manchmal mit Abwässern füllte. Die Lehrer hießen uns herzlich willkommen, die Schüler starrten uns mit großen Augen an, überrascht und neugierig. In jedem der kleinen Klassenzimmer saßen an die sechzig Schüler. In den Fenstern fehlten die Scheiben; die Bänke waren gedrängt voll mit Kindern. Viele von ihnen trugen Mäntel. Eine ganze Reihe von ihnen hockte auf dem kalten Betonfußboden.

Wir besuchten noch eine Schule, wo die Situation ähnlich war. Dann fuhren wir zu einer dritten – einer, die mit Hilfe der UNICEF wieder aufgebaut worden war. Die Fundamente und Mauern waren solide, die Fenster verglast, die Klassenzimmer warm, und der Schulhof war hübsch gepflastert. In dieser Schule hatte man das Gefühl, umhegt zu sein und in Sicherheit. Die Kinder hatten fröhliche Gesichter, sie spielten, und man hörte sie lachen.

Stunden später saßen Sean Penn und ich im Büro des stellvertretenden irakischen Regierungschefs, Tarik Asis. Er trug einen Straßenanzug und begrüßte uns herzlich. Seine Stimme erinnerte mich an ein Nebelhorn. In einer entlegenen Ecke des Raums standen drei Fernsehgeräte; die Programme von Iraqi TV, EuroNews und CNN International liefen über die Bildschirme, der Ton war aber ausgestellt.

Zu Beginn unserer Diskussion sagte Penn: »Politik ist für mich nur von marginaler Bedeutung. Mich beschäftigt vor allem die Sorge um meine Kinder und die Kinder der Vereinigten Staaten und die Kinder dieses Landes.«

Asis begann eine lange Erklärung, warum die USA den Irak nicht angreifen dürften. »Wir haben jetzt die internationalen Inspekteure ins Land geholt, die Profis sind und ihre Aufgaben ungehindert erledigen können, ohne Einmischung. Und in Washington betreibt man weiter so eine Kriegshetze.« Er fuhr fort: »Irak ist reich an Ölreserven. Die wollen sie uns wegnehmen. Doch zu welchem Preis? Zu welchem Preis für die Amerikaner und für den Irak und für die ganze Region? Hunderttausende Menschen werden sterben, darunter auch viele Amerikaner – denn wenn sie das Öl im Irak in ihren Besitz bringen wollen, dann werden sie darum kämpfen müssen, und zwar nicht mit Raketen und Flugzeugen. Sie werden Soldaten hierher bringen müssen, die gegen das irakische Volk und die irakische Armee kämpfen. Und das wird sie eine Menge kosten.«

Als er nach der offenkundigen Enttäuschung des Weißen Hauses über die mangelnde Kooperation der Iraker mit den UN-Waffeninspekteuren befragt wurde, ging Asis auf die Resolution des UN-Sicherheitsrats von Anfang November ein. »Sie haben diese Resolution, die letzte, Nummer 1441, so abgefasst, dass sie davon ausgehen konnten, dass sie sicher zurückgewiesen würde«, meinte er. »Wissen Sie, manchmal macht man ein Angebot in der Absicht, eine Ablehnung zu erhalten. Wir haben sie damals überrascht, indem wir sagten: ›Okay, wir können damit leben. Wir werden genügend Geduld haben, um damit leben zu können, und werden euch und der Welt beweisen, dass die Beschuldigungen bezüglich der Massenvernichtungswaffen aus der Luft gegriffen sind.‹«

Alles, was Asis vorbrachte, triefte vor Propaganda. Und angesichts der loyalen Dienste, die der Mann dem Massenmörder Saddam Hussein seit langen Jahren geleistet hatte, konnte er kaum als moralische Instanz gelten. Gleichzeitig würden sich aber viele Argumente, die er gegen einen neuen Krieg vorgebracht hatte, nur schwer entkräften lassen.

Der unabhängige Journalist I.F. Stone konstatierte schon vor Jahrzehnten: »Jede Regierung wird von Lügnern angeführt, und man sollte nichts von dem glauben, was sie sagen.« Stone setzte nicht alle Regierungen miteinander gleich und behauptete nicht, dass sie immer logen. Er wies jedoch darauf hin, dass Skepsis von größter Bedeutung ist und man die Behauptungen keiner Regierung automatisch als wahr akzeptieren sollte. Es ist unsere Aufgabe und Verantwortung, auf der Suche nach der Wahrheit die Propaganda, die mit der Selektion von Fakten, mit Verzerrungen und mit Bildern betrieben wird, zu durchschauen.

Wenn ein Land sich auf den Marsch in einen Krieg begibt, ist es immer gefährlich, aus den Reihen der anderen auszuscheren. Alle möglichen falschen Anschuldigungen werden dann auf einen losgelassen. Ob man nun nach Bagdad reist oder daheim auf der Hauptstraße ein Anti-Kriegs-Plakat hochhält – einige Leute werden einen bezichtigen, den Interessen des Gegners zu dienen, seine Propaganda zu unterstützen. Doch der einzige Weg zu vermeiden, dass einem seine Aktionen falsch ausgelegt werden, besteht darin, nichts zu tun. Der einzige Weg zu verhindern, dass einem seine Worte im Mund herumgedreht werden, besteht darin, nichts zu sagen.

In der funktionalen Kategorie des »Mache Gebrauch davon oder verliere es« bleibt der erste Verfassungszusatz nur ein partiell verwirklichtes Versprechen. Nur in dem Ausmaß, in dem sie realisiert werden kann, wird Demokratie zu etwas Realem anstelle von etwas Theoretischem. Eine solche Verwirklichung erfordert jedoch eine Vielzahl von Stimmen. Und wenn ein Krieg unser Schweigen fordert, dann steht das Gebot des Dissenses an höchster Stelle.

Wir müssen die Tatsachen kennen und dürfen nicht zulassen, dass das Kriegsgetrommel die Stimmen derer, die uns über diese Tatsachen informieren wollen, übertönt. Wir müssen so klar wie möglich denken. Und wir müssen auf das hören, was unser eigenes Herz uns sagt. Zu Beginn seines Besuchs im Irak äußerte Sean Penn das Verlangen, »in Gewissensfragen meine eigene Stimme zu finden«. In der nahen Zukunft wird jeder von uns die Gelegenheit dazu haben.

Norman Solomon
24. Dezember 2002

Norman Solomon:

Irak am Abgrund

13. September 2002. Auf dem Saddam International Airport konfiszierte ein irakischer Beamter höflich, aber bestimmt mein Satellitentelefon. Das war keine große Überraschung. Ich hatte gerade eben einen totalitären Staat betreten, und die Iraker hatten in der Vergangenheit schlimme Erfahrungen mit Bomben gemacht, die von Satelliten gelenkt auf Ziele in ihrem Land niedergegangen waren. Nachdem man dort so viele Jahre in einem Belagerungszustand gelebt hatte, war jegliches Gerät, das irgendwie mit Satellitentechnologie zu tun hatte, suspekt – vor allem, wenn es sich in den Händen eines Amerikaners befand. Es würde nicht das letzte Mal sein, dass einem die irakische Regierung so vorkam: gleichzeitig in stupider Weise repressiv und beklemmend rational.

Weniger als eine Stunde später stand unsere Delegation vor dem al-Raschid-Hotel. Fernsehteams hatten den Vordereingang ins Visier genommen. Es war ein paar Minuten nach zwei Uhr morgens, und die Scheinwerferkameras ließen den Mosaikboden der Zufahrt zu dem Hotel unheimlich aufleuchten. Der Kongressabgeordnete in unserer Delegation hielt am Straßenrand inne und runzelte die Stirn, während er seine Blicke in Richtung Eingang schweifen ließ. Nick Rahall, ein Demokrat aus West Virginia, der vor dem Abschluss seiner dreizehnten Amtsperiode im amerikanischen Repräsentantenhaus stand, war sehr weit von zu Hause weg. Er war das erste Kongressmitglied, das seit Beginn der Präsidentschaft von George W. Bush seinen Fuß auf irakischen Boden setzte.

Rahall beäugte die Fernsehkameras, dann schaute er wieder auf das Marmormosaik vor seinen Füßen. Ein finsteres Porträt eines früheren US-Präsidenten, von George Bush sen. nämlich, bedeckte den Boden der Zufahrt zum Hotel, und einige der Steine fügten sich zu einer Botschaft in Blockschrift zusammen: »BUSH IS CRIMINAL«. Vorsichtig schritt der Kongressabgeordnete am Rand des Mosaiks in die Hotellobby, wobei andere ihn abschirmten, damit die irakischen Fernsehleute diesen problematischen Moment nicht für ihre Zwecke ausschlachten konnten.

Obwohl die Spannungen ständig zunahmen, wirkte die irakische Propaganda unbeholfen und sie schien leicht abzutun zu sein. In der Hauptstadt waren unzählige Bilder von Saddam Hussein zu sehen, begleitet von lächerlichen Lobeshymnen. Es war alles ziemlich plump. Doch indes die Vereinigten Staaten und der Irak immer näher an den Rand eines Kriegs rückten, gab es viele wichtige Realitäten, die für die Amerikaner viel zu leicht zu ignorieren oder misszuverstehen waren, oder denen man sich einfach nicht stellte.

Im Erdgeschoss des Hotels konnte man in einer entlegenen Ecke neben der Bar, an der nur alkoholfreie Getränke ausgeschenkt wurden, gegen Bezahlung eine bestimmte Zeit lang einen von mehreren Computern benutzen. Der kleine Shop wurde von einem ernsthaften jungen Mann geführt, der wenig, aber für seine Arbeit ausreichendes Englisch sprach und ganz offensichtlich um die Zufriedenheit seiner Kunden bemüht war. Tag für Tag half er mir und anderen Ausländern, durch sein Computer-Netzwerk zu navigieren, um ins Internet zu kommen. Mit seinem Job verband sich ohne Zweifel auch die Aufgabe, seine Kunden im Auftrag der Regierung zu überwachen. Seine persönliche Aufrichtigkeit war aber unverkennbar und er hatte etwas Verlegenes an sich, das nicht vorgetäuscht werden konnte. Am vierten Tag fühlte er sich in meiner Gegenwart entspannt genug, um mir von der protestantischen Kirche zu erzählen, die er sonntags besuchte, und mir anzuvertrauen, dass er an Jesus,

»den Friedensfürsten«, glaube. Am selben Tag unterhielt ich mich mit einem britischen Zeitungsreporter, der sich 1991 während des Golfkriegs im al-Raschid-Hotel aufgehalten und häufig Ausflüge nach draußen unternommen hatte, um sich die Schäden anzuschauen, die die Bomben seiner und meiner Regierung angerichtet hatten. Es überraschte mich zu hören, dass selbst unter den damals herrschenden Bedingungen die Iraker, denen er begegnete, ihm gegenüber keine Feindseligkeit an den Tag legten. Irgendwie, so meinte er, würde die große Tiefe ihrer Kultur einen Hass der Art, wie man ihn eigentlich erwarten könnte, ausschließen. Ich versuchte mir vorzustellen, wie es andersherum aussähe – wenn die irakischen Luftstreitkräfte amerikanische Städte bombardierten. Besucher aus dem Feindesland würden dann mit Sicherheit auf Wut und Hass treffen.

Am Abend zog unsere Delegation in ein unter freiem Himmel gelegenes Restaurant direkt am Tigris. Eine kühle Brise strich über das dunkle Wasser des Flusses, Dutzende mit Kerzen beleuchteter Tische zogen sich an seinem Ufer lang. Es war ein wunderschöner Abend. Paare und Freundesgruppen saßen unter dem Licht des Mondes beisammen, unterhielten sich fröhlich und lachten noch lange nachdem die Dämmerung in die Nacht übergegangen war. Der Herbst hatte schon Einzug gehalten. Bald würde dieses idyllische Fleckchen, am Ufer eines Flusses, an dem auch die Wiege einer großen Zivilisation gestanden hatte, wahrscheinlich mitten in einem Kriegsgebiet liegen.

Tarik Asis bat uns in sein Büro. Der stellvertretende Regierungschef sah in seinem Militäroverall wirklich wie ein zäher alter Bursche aus. Pessimismus umgab ihn und erfüllte den ganzen Raum. Asis sprach von der so sorgsam ausgeklügelten Zwickmühle, in die Washington den Irak getrieben hatte. Er brachte es auf den Nenner: »Man ist verdammt, wenn man es tut, und verdammt, wenn man es nicht tut.«

Wir schrieben den 14. September 2002. In dem Büro des Irakers saßen Mitglieder der Delegation, deren Reise vom Institute for Public Accuracy gesponsert worden war – der Kongressabgeordnete Rahall, der ehemalige US-Senator James Abourezk, der Präsident von Conscience International, James Jennings, und ich. Die Amerikaner trugen abwechselnd vor, dass der bedrohlichen Entwicklung der vergangenen Wochen Einhalt geboten werden könne, wenn der Irak den ersten Schritt machen und uneingeschränkte Inspektionen zulassen würde. Es fiel jedoch schwer, etwas zu erwidern, als Asis in seinem förmlichen Englisch sagte: »Wenn die Inspekteure wieder in unser Land kommen, ist das keine Garantie, dass der Krieg verhindert wird. Sie können sogar leicht einen Vorwand dafür liefern, eine neue Krise zu provozieren.« Er war keineswegs darauf erpicht, Waffeninspektionen zu genehmigen als quasi letztes Mittel, um den Angriff von seinem Land abzuwenden. Er meinte stattdessen, dass man eine umfassende »Formel« finden müsse, um zu einer dauerhaften Lösung zu gelangen. Wahrscheinlich würden ein Nichtangriffsversprechen der USA und die Aufhebung wirtschaftlicher Sanktionen darin einbegriffen sein müssen.

Zwei Tage später änderte jedoch der Irak offiziell seine Position und erklärte sich bereit, UN-Waffeninspekteure wieder ins Land zu lassen. Um den Krieg abzuwenden, hatte die Regierung in Bagdad zu einem gewagten Schachzug gegriffen, der zumindest mehr versprach, als gar nichts zu unternehmen, aber eben sehr riskant war. Mehrere Jahre zuvor hatte Washington Inspekteure der UNSCOM, der Sonderkommission der UN, zu Spionagezwecken eingesetzt. Zu dieser Spionagetätigkeit waren sie in keiner Weise durch die Mission, die die UN erteilt hatte, berechtigt gewesen. Ende 2002 könnten neue Trupps von Inspekteuren, die überall im Irak herumstöberten, den Vereinigten Staaten wertvolle Daten liefern, die die Effektivität eines anschließenden Militärschlags sehr gut steigern könnten.

»Wir sind jetzt ein Land, das akut von Krieg bedroht ist«, sagte

Saadun Hammadi, der Sprecher der irakischen Nationalversammlung, zu uns. »Wir müssen uns auf einen solchen Krieg vorbereiten.« Hammadi, ein zerbrechlich wirkender Mann mit silbrigem Haar, war düster gestimmt. »Die US-Regierung spricht jetzt von Krieg, wir werden nicht die andere Wange hinhalten. Wir werden kämpfen. Nicht nur unsere Streitkräfte werden kämpfen. Unser ganzes Volk wird kämpfen.« Diese Worte hingen noch in der Luft, als der hagere alte Mann nach ganz kurzem Innehalten hinzufügte: »Ich persönlich werde kämpfen.« Ich glaubte in jenem Augenblick ein schwächer werdendes Licht in seinen Augen zu sehen, wie die erlöschende Glut eines Feuers.

Die Regierungsvertreter, denen wir in Bagdad begegneten, waren ganz eindeutig intelligente Menschen, befähigt zu vernünftigem und logischem Denken. Sie dienten aber dem Regime Saddam Husseins, der die Bürger des Landes schweren Repressionen unterwarf. Unter seiner Diktatur und bei der völligen Unmöglichkeit einer offenen Debatte konnte es so etwas wie eine »Zivilgesellschaft« nicht wirklich geben. Fotos von Hussein in unterschiedlichen Posen – sich zeremoniell, halbformell oder auch warmherzig-persönlich gebend, bisweilen auch vergnügt vor sich hin lächelnd – erschienen jeden Tag auf den Titelseiten der irakischen Zeitungen und präsentierten ihn als strengen, doch auch onkelhaft-gutmütigen Wächter über sein Volk. Sein Regime war gleichzeitig lächerlich und schurkisch, Farce und Tragödie.

Hier bestand ein groteskes Paradox. Mein eigenes Land, der Ort vieler demokratischer Freiheiten, bereitete sich darauf vor, einen durch nichts provozierten Angriff auf ein Volk zu starten, das zwischen dem Tyrannen und der amerikanischen Regierung wie in einer Falle gefangen saß. Die Möglichkeit einer friedlichen Lösung schien in schreckliche Ferne gerückt, das gewaltige Ausmaß des Leidens, das auf die Iraker zukommen würde, war nur schwer zu fassen.

Der Himmel über Bagdad schien neue Schrecken bereit zu halten, die noch gar nicht zu ermessen waren, sich vielleicht aber noch fern halten ließen. Während ich auf die Hauptstadt des Irak hinausblickte, schoss mir ein Satz von Albert Camus durch den Kopf: »Und von nun an wird es nur noch den Stolz geben, unbeirrbar jene großartige Wette mitzumachen, die schließlich darüber entscheiden wird, ob Worte stärker sind als Kugeln.«

Der Ausblick vom elften Stock des al-Raschid-Hotels unterschied sich nicht wesentlich von dem, was jede große Metropole den Blicken des Betrachters bot. Unablässig fuhren Autos über die breiten Straßen, und im Zentrum ragten hohe Gebäude auf, die dann zu den Rändern, zu den reinen Wohngegenden hin, immer niedriger wurden. Es gab hier überhaupt nichts Außergewöhnliches – ausgenommen die Tatsache, dass, wenn alles nach Plan verlief, meine Steuerdollars bald dazu beitragen würden, einen großen Teil dieser Stadt in ein Inferno zu verwandeln.

Als der Herbst begann, wurden in einem – an prominenter Stelle gedruckten – Artikel der *New York Times* ranghohe Regierungsbeamte zitiert, die darauf brannten, einen taktischen Plan für den Krieg zu skizzieren: »Regierungsbeamte erklärten, dass jeder Angriff mit einer längeren Kampagne aus der Luft beginnen würde, die von mit satellitengelenkten 200-Pfund-Bomben bewaffneten B-2-Bombern angeführt wird und deren Ziel es ist, die irakische Kommando- und Kontrollzentrale und die gegnerische Luftabwehr auszuschalten.« Eine solch abstrakte Ausdrucksweise garantiert eine behagliche Lektüre.

Die Faktoren Distanz und Taubheit gegenüber einer weit entfernten Wirklichkeit und die von ihr betriebene Realpolitik haben es der Regierung in Washington leicht gemacht, während der vergangenen zwölf Jahre von den ruinösen Folgen der gegen Irak verhängten Sanktionen unbeeindruckt zu bleiben. Diese Folgen beschäftigten mich jedoch, als unsere Delegation die Pädiatrische Klinik al-Mansur in Bagdad besuchte. Mütter hockten dort auf nackten Matratzen neben ihren Kindern, die an Leukämie oder Krebs litten. Die jungen Patienten erhielten keine adäquate Chemotherapie – ein direktes Ergebnis der Sanktionen, für deren Verhängung die USA maßgeblich gewesen waren.

Als ich durch die Krebsstation schritt, kam mir eine Antwort in Erinnerung, die die damalige Außenministerin Madeleine Albright während eines *60 Minutes*-Interviews gegeben hatte, das am 12. Mai 1996 gesendet worden war. Der CBS-Korrespondent Lesley Stahl stellte fest: »Wir haben gehört, dass eine halbe Million Kinder umgekommen sind«, um dann die Frage anzuschließen: »Ist es diesen Preis wert?« Albright antwortete: »Ich glaube, dass es eine sehr schwierige Entscheidung ist, doch der Preis – wir denken, dass es diesen Preis wert ist.«

Die Folgen der Sanktionen machen sich weiterhin bemerkbar. Das State Department hob das Verbot der Lieferung grundlegender medizinischer Versorgungsgüter in den Irak nicht auf, darunter waren Dinge wie spezielle Zentrifugen für Blutuntersuchungen, Gefriergeräte für Plasma und Infusionspumpen. Nach drei Besuchen im Südirak (von denen der letzte erst im September 2002 stattfand) sagte Dr. Eva-Maria Hobiger, Onkologin vom Krankenhaus Lainz in Wien, folgende von Herzen kommenden Sätze: »Mit der Hilfe dieser Maschinen kann das Leben vieler kranker Kinder gerettet werden. Man muss es ein Verbrechen nennen, wenn unschuldige und kranke Kinder zur Zielscheibe der Politik werden.«

Ich würde gerne alle Politiker Washingtons zu einem Besuch bei einem siebenjährigen Mädchen mitnehmen, das an Leukämie leidet und das wir in der Pädiatrischen Klinik sahen. Vielleicht könnten sie ein paar Minuten ihrer Zeit erübrigen, um sich das Blut, das dem Kind unkontrolliert über die Lippen fließt, und die Qual in den angstvollen Augen seiner Mutter anzuschauen.

Im Oktober 2002 passierte eine Resolution mit spielerischer Leichtigkeit sowohl den Senat wie auch das Repräsentantenhaus, die einen massiven militärischen Einsatz der USA für rechtens erklärte. Ich konnte beinahe die knarzende und prophetische Stimme von Senator Wayne Morse hören, der 1964, als er gegen die Resolution zum Zwischenfall im Golf von Tonkin gestimmt hatte, gedröhnt hatte: »Ich weiß nicht, warum wir glauben, dass es uns, nur weil wir mächtig sind, zusteht, Macht an die Stelle von Recht zu setzen.«

Nach den jahrelangen Sanktionen und den Todesfällen, die sie verursachten, glauben die ranghöchsten Beamten in Washington – die die »schwierige Entscheidung« gefällt haben, einen kompromisslosen Krieg zu beginnen – immer noch, dass der Preis an Menschenleben es »wert wäre«. In dem Maße, in dem geopolitische Ausführungen und strategische Analysen die Berichterstattung der Medien zu dominieren begannen, rückten die moralischen Probleme, die sich mit einem Krieg verbinden, in den Hintergrund.

Ich bezweifle, dass viele Amerikaner sich bei einem Besuch in der Pädiatrischen Klinik al-Mansur wohl gefühlt hätten, und ich kann mir nur voller Entsetzen vorstellen, wie es wäre, in jener Klinik zu liegen, während in Bagdad wieder die Sprengköpfe von Raketen explodieren.

Ende 2002 war es viel einfacher, sich mit der Behagen verbreitenden Berichterstattung im eigenen Land zufrieden zu geben und von »der längeren Kampagne aus der Luft, die von mit satellitengelenkten 200-Pfund-Bomben bewaffneten B-2-Bombern angeführt wird« zu lesen.

Reese Erlich:

Berichterstattung in den Medien:
Ein Blick von unten

Im Irak freunden Reporter sich richtig schnell miteinander an: Man hat eine Menge gemeinsamer Erfahrungen – von miserablen Telekommunikationseinrichtungen über argwöhnische irakische Beamte bis hin zu Redakteuren in der Heimat, die einen zur Verzweiflung bringen.

Bert und ich kamen daher sofort gut miteinander aus. Bert ist das Pseudonym, das ich für einen Reporter gewählt habe, der vor allem für britische Medien arbeitet. Mir liegt nichts daran, ihn in Schwierigkeiten zu bringen. Reporter erzählen einander Dinge, von denen sie in der Öffentlichkeit nie sprechen würden. Ich möchte Sie daher jetzt – in Ihrer Vorstellung – in eine Bar einladen, wo Reporter, nach ein paar Bier, alles rauslassen.

Bert und ich hatten uns geeinigt, gemeinsam ein Taxi zu nehmen, um eine Fahrt aufs offene Land außerhalb Bagdads zu machen. Wir glitten zunächst über die modernen Stadtautobahnen, die an den Wohlstand des Landes in der Zeit vor den Sanktionen erinnerten.

Ich kam darauf zu sprechen, dass Saddam Hussein das Hauptquartier der regierenden Baath-Partei wieder aufbauen ließ, das bei einem amerikanischen Raketenangriff zerstört worden war.

»Er hat einen Haufen Geld dafür«, sagte ich beiläufig.

»Du würdest dich gut mit meinen Redakteuren verstehen«, meinte Bert ganz jovial mit einem Akzent, der halb nach Oxford, halb nach Süd-London klang. »Es gefällt ihnen ganz ungeheuer, von der Korruption im Irak und der ungerechten Verteilung der Ressourcen zu hören.«

Bert ist von seinen politischen Ansichten her gemäßigt; er steht Saddam Hussein äußerst kritisch gegenüber, fühlt sich aber von seinen konservativeren Redakteuren häufig unter Druck gesetzt. »Immer wenn ich vorschlage, eine Story darüber zu schreiben, welche Auswirkungen die Sanktionen auf den normalen Bürger des Irak haben, dann nennen sie das zu Hause einen ›alten Hut‹.« Die Redakteure daheim werden es aber nie müde, alte Geschichten über Korruption und Repression im Irak aufzuwärmen. Bert hat die Vorlieben seiner Vorgesetzten verinnerlicht und schickt ihnen für gewöhnlich Artikel, von denen er weiß, dass sie ihnen gefallen werden. Die Alternative wäre, Storys zu schreiben, die entweder nie veröffentlicht oder irgendwo auf den hinteren Seiten begraben werden.

Dies ist aber ein umfassenderes Problem, das nicht nur mit den Meinungsverschiedenheiten zwischen Redakteuren und Reportern zu tun hat. Die meisten Journalisten, die lukrative Auslandseinsätze erhalten, machen sich bereitwillig die Ansichten ihrer Oberen zu Eigen. Ich habe keinen einzigen Auslandskorrespondenten im Irak getroffen, der sich nicht der Meinung anschloss, dass die USA und Großbritannien jedes Recht besäßen, das irakische Regime mit Gewalt zu stürzen. Uneins war man sich nur hinsichtlich des Zeitpunkts, wann dies geschehen sollte, ob es sich um eine unilaterale Aktion handeln sollte und ob eine Besetzung des Landes über einen längeren Zeitraum hinweg zweckmäßig wäre.

Die meisten Menschen in der Welt und die meisten Medien außerhalb der USA und Großbritanniens glauben immer noch an nationale Souveränität. Sie vertreten die altmodische Ansicht, die auch in der Charta der Vereinten Nationen festgeschrieben ist: Kein Land hat das Recht, eine ausländische Regierung zu stürzen oder ein anderes Land zu besetzen, selbst wenn die Bevölkerung dort auf schreckliche Weise unterdrückt wird. Wenn die USA Hussein stürzen dürfen, was sollte dann Russland davon abhalten, Georgien oder andere ehemalige Sowjetrepubliken zu okkupieren und freundlichere Regimes einzusetzen? Es lassen sich endlos viele Fälle dieser Art denken.

Trotz zahlreicher Reden und Infomaterialien hat die Regierung Bush nie überzeugend nachzuweisen vermocht, dass der Irak eine unmittelbare Bedrohung für seine Nachbarländer darstellt. Anders als 1991, als der Irak Kuwait besetzte, hat kein einziges an ihn angrenzendes Land die Befürchtung geäußert, dass der Irak es besetzen könne. Die USA würden der Generalversammlung der Vereinten Nationen niemals eine Resolution bezüglich eines Angriffs auf den Irak vorlegen, weil sie wissen, dass sie von der überwältigenden Mehrheit der Mitgliedsstaaten abgelehnt würde. Sie ziehen es vor, es durch die Hintertür zu versuchen: über den Sicherheitsrat.

Wenn ich in Unterhaltungen mit meinen Kollegen von der schreibenden Zunft auf das Thema nationale Souveränität zu sprechen komme, dann schauen sie mich an, als ob ich vom Mars käme. Selbstverständlich hätten die USA das Recht, Saddam Hussein zu stürzen, behaupten sie, weil er über Massenvernichtungswaffen verfügt und in der Zukunft eine Bedrohung für andere Länder darstellen könne. Die implizite Annahme ist, dass die USA – als einzige Supermacht der Welt – das Recht besitzen, eine Entscheidung darüber zu fällen, wer im Irak regieren darf. Die USA müssen die Verantwortung dafür auf sich nehmen, diktatorische Regierungen abzusetzen und liberalere einzusetzen. Die einzige Frage ist, ob Sanktionen oder eine Invasion das wirksamere Mittel dazu sind.

Die Regierungen Bush und Blair tragen einen Kampf an zwei Fronten aus: einen gegen den Irak, den anderen daheim um die öffentliche Meinung. Die bedeutenderen Medien sind ebenso Schlachtfelder, wie die Befestigungsanlagen von Bagdad es wahrscheinlich sein werden. Und in der Mehrheit verfügen Bush und Blair über wackere Mediensoldaten, die die Barrikaden in der Heimat mit Freude für sie bemannen.

Angeblich besitzen die USA die besten und freiesten Medien der

Welt, doch meiner eigenen Erfahrung nach, und ich habe mittlerweile aus Dutzenden von Ländern berichtet, wird dieses Berichten immer weniger frei, je höher man in der journalistischen Nahrungskette aufsteigt.

Der typische Möchtegern-Auslandskorrespondent macht seinen Collegeabschluss und sucht sich einen Job bei der lokalen Zeitung oder dem örtlichen Radiosender. Das Gehalt ist niedrig, die Arbeitszeit lang. (Reporter für die Zeitungen kleiner Städte haben auch heute noch manchmal ein Anfangsgehalt von weniger als 18 000 Dollar im Jahr). Nach zwei Jahren klettern sie aber vielleicht die Karriereleiter hoch und landen bei größeren Medienunternehmen. Und nach fünf, sechs Jahren finden einige der talentierteren und engagierteren Reporter eine Anstellung bei einer der größeren Tageszeitungen oder einem der überregionalen Fernseh- oder Radiosender. Ein paar fangen als Freelance-Auslandskorrespondenten an und erlangen danach eine feste Anstellung bei einem bedeutenderen Medienunternehmen, aber sie sind in der Minderheit.

Die ersten paar Jahre, in denen man als Berichterstatter arbeitet, stellen eine Art Rekrutenzeit dar. Sogar die besten Journalismus-Lehrgänge der Colleges vermitteln einem nur die vagesten Ideen davon, wie die Arbeit eines Berichterstatters wirklich aussieht. Ich weiß es: Ich habe selber zehn Jahre lang an einem College Journalismus unterrichtet. An der Universität lernt man nicht, wie man, wenn man auf ein Thema angesetzt worden ist, innerhalb von fünfzehn Minuten Informanten auftut, wie man eine Story vom Ort des Geschehens nach Hause übermittelt, wenn die Handys nicht funktionieren, oder wie man in dreißig Minuten einen Artikel von 800 Wörtern schreibt. Die beste Ausbildung erhält ein Journalist durch die Arbeit selbst.

Junge Reporter eignen sich in den ersten Berufsjahren nicht nur journalistische Fähigkeiten an, sondern erfahren auch, welches die akzeptablen Parameter der Berichterstattung sind. In den amerikanischen Medien gibt es sehr wenig formelle Zensur. Doch man lernt schnell, welche Quellen akzeptabel sind und welche nicht. Die meisten Vertreter von Firmen und Organisationen und die meisten Politiker sind akzeptable Auskunftgeber, je weiter sie an der Spitze stehen, desto besser. Vor dem Kollaps des Energieunternehmens Enron zum Beispiel konnte dessen CEO Kenneth Lay als Fachmann für Energiefragen und die Wirtschaft allgemein zitiert werden. Jetzt wissen wir natürlich, dass er sich immer im eigenen Sinn zu diesen Themen geäußert hat.

Viele andere Quellen werden für unannehmbar erachtet und daher ignoriert oder nicht ernst genommen. Schwarze Nationalisten, progressive Vertreter von Gewerkschaften oder Marxisten fallen in diese Kategorie. Dasselbe gilt für Konservative, die sich außerhalb der Hauptströmung der von Washington betriebenen Politik stellen, wie zum Beispiel konservative Muslime und gewisse Intellektuelle vom rechten Flügel.

Im Irak habe ich das alles aus erster Hand erfahren. Sehen wir uns beispielsweise einmal *Voices in the Wilderness* [Rufer in der Wüste] an, eine pazifistische Gruppierung, deren Hauptstandort Chicago ist. Einige ihrer leitenden Mitglieder hatten an einer Mahnwache in der irakischen Wüste teilgenommen und erst unmittelbar vor dem Zeitpunkt, als die Amerikaner im Golfkrieg von 1991 mit ihren Bombardements begannen, das Feld geräumt. Die Vereinigung hat Hunderte von Amerikanern in den Irak gebracht, darunter im September 2002 drei Kongressabgeordnete. Sie betreibt soziale Hilfsprojekte in Bagdad und hat exzellente Kontakte zu anderen NGOs [= non governmental organizations, regierungsunabhängigen Organisationen] aufgebaut.

Man kann mit den Ansichten von *Voices in the Wilderness* übereinstimmen oder nicht. Was mich betrifft, so finde ich ihren pazifistischen Ansatz nicht richtig. Doch als Journalisten sollten wir sie als eine ernst zu nehmende Organisation anerkennen, die Teil einer wachsenden Anti-Kriegsbewegung ist, die im September und Oktober 2002 in Großbritannien und in den USA Hunderttausende von Menschen mobilisiert hat.

Von vielen der bedeutenderen Medien werden sie aber nicht als eine solche Gruppe behandelt. Ramzi Kysia, ein Organisator für *Voices in the Wilderness*, der in Bagdad lebte, kam eines Tages ins Pressezentrum, um eine Pressemitteilung der Gruppe abzugeben. Er lud die ausländischen Reporter ein, über einen Besuch amerikanischer Kriegsgegner, Lehrer von Beruf, in einer irakischen höheren Schule zu berichten.

Ich war zugegen, als Kysia die Pressemitteilung einem Fernsehteam überreichte. Sobald er gegangen war, erklärten die Fernsehleute die Mitteilung, ohne sich vorher die Mühe gemacht zu haben, sie ganz zu lesen, zu Propaganda. Für sie gehörte die Gruppe, die Kysia vertrat, nicht zu den anerkannten Quellen, man konnte alles, was von ihr kam, also getrost ignorieren.

Als *Voices in the Wilderness* ein paar Wochen später in Bagdad einen Protestmarsch gegen den Krieg abhielt, berichtete John Burns von der *New York Times* in mokantem Ton über die Veranstaltung. Er meinte spöttisch, dass Saddam Hussein alle Demonstrationen verbiete – mit Ausnahme von solchen gegen Amerika (*New York Times* vom 27.10.2002). Während Hussein gewiss jeden Dissens im Keim erstickt, haben die Proteste gegen die amerikanische Politik, die von Bürgern der USA in Bagdad durchgeführt werden, es verdient, dass man ernsthaft über sie berichtet. Ich kann mir nicht vorstellen, dass ein solch spöttischer Ton einen Artikel der *New York Times* über irakische Dissidenten, die zur Unterstützung der US-Politik durch Washington marschieren, durchzöge.

Das *Wall Street Journal* (4.11.2002) ließ der pazifistischen Vereinigung eine weniger oberflächliche Behandlung angedeihen – allerdings im Rahmen eines humorigen Artikels über schrullige Typen aus dem Westen, die den Irak als Touristen besuchen.

1990 stattete ich mit einer Gruppe meiner Studenten dem *San Francisco Chronicle* einen Besuch ab. Ich habe als freier Mitarbeiter seit 1989 Storys für diese Zeitung geschrieben. Ich trug dem damals für das Ausland zuständigen Chefredakteur David Hipschman folgende Idee für einen – natürlich hypothetischen – Artikel vor. »Was wäre«, fragte ich, »wenn ich einen Artikel über Saddam Husseins heimliche Geliebte einreichen würde?«

»Ich würde die Behauptung, dass er eine Geliebte hat, gerne von zwei Informanten bestätigt sehen«, antwortete er ungerührt. »Und was wäre, wenn ich Ihnen dieselbe Geschichte präsentierte, nur dass es Präsident Bush« – gemeint war der Vater des jetzigen Präsidenten – »sein soll, der diese Geliebte hat?«, wollte ich wissen. Hipschman lachte. »Ich würde Fotos von den beiden sehen wollen, wie sie miteinander im Bett liegen.«

Jeder erfahrene Reporter weiß, dass ein Redakteur einen sehr niedrigen oder unmöglich hohen Standard setzen kann, was die Verifizierung von Tatsachen oder Behauptungen betrifft. Wenn ein Reporter jemanden falsch zitiert oder falsche Informationen weitergibt, wenn er einen kritischen Artikel über Saddam Hussein schreibt, dann werden ihm die Redakteure daheim wahrscheinlich keine besonders heftigen Vorhaltungen machen, wenn aber ein Artikel, der sich kritisch mit der US-Politik auseinander setzt, solche Fehler enthält, dann ist die Hölle los. Das Mindeste, was passiert, ist dass jemand vom State Department oder Pentagon anruft, um sich zu beschweren. Konservative Mediengruppen und Moderatoren von Radio-Talkshows können ebenfalls Druck ausüben. Raymond Bonner, ein Reporter der *New York Times*, der, in den Fakten zutreffende, aber äußerst kritische Artikel über die von Washington in El Salvador betriebene Politik schrieb, wurde in den Achtzigerjahren infolge einer derartigen konservativen Kampagne von seinem Posten dort abberufen.

Wenn ein Reporter reif genug geworden ist, um als Korrespondent ins Ausland zu gehen – dieser Prozess kann zehn oder mehr

Jahre in Anspruch nehmen –, dann kennt er alle Regeln des Spiels. Als Auslandskorrespondent zu arbeiten ist ein rundum toller Job. Er ist interessant und fordert einen heraus. Man reist viel und trifft mit internationalen politischen Führern zusammen. Man sieht sich vielleicht als Verfasser eines Artikels auf der Aufmacherseite genannt. Mit diesem Job verbindet sich Ansehen.

Und dann das Geld. Ich habe eine informelle Untersuchung über die Gehälter von Auslandskorrespondenten durchgeführt, die ich in den verschiedenen von mir besuchten Ländern traf. Wie schon gesagt, erzählen Reporter einander Dinge, über die sie in der Öffentlichkeit nicht reden würden. Die Gehälter, die die größeren Medienunternehmen ihren exklusiv für sie arbeitenden Radio- oder Zeitungsreportern zahlen, bewegen sich zwischen 90 000 und 125 000 Dollar im Jahr. Und Fernsehkorrespondenten können unter Umständen das Doppelte oder sogar noch mehr verdienen.

Ein Reporter der *New York Times*, der in Afrika stationiert war, erzählte mir eines Abends bei einem Bier, dass man mit der Ernennung zum Auslandskorrespondenten bei seiner Zeitung auf der Karriereleiter ein gewaltiges Stück nach oben klettert. Er hatte vor, sich nach ein paar Jahren in Afrika in ein anderes Land versetzen zu lassen, wo sich noch ein größeres Prestige mit dem Posten verband, und sich dann in New York von einem Redakteursschreibtisch zum nächsten hochzuarbeiten. Die Reporter der *New York Times* sind sich internationaler Trends sehr genau bewusst und sie wissen, dass sie, wenn sie einmal den Pulitzer-Preis gewinnen wollen, von einem Ort berichten müssen, der von größerer Bedeutung ist. Gegenwärtig erfüllen der Irak und der Nahe Osten diese Bedingung.

Geld, Prestige, Karrieremöglichkeiten, ideologische Neigungen, dazu die Nachteile, die es bringt, wenn man Storys nach Hause schickt, die bei der Regierung wenig Gefallen finden, all dieses übt seinen Einfluss auf Auslandskorrespondenten aus. Man bekommt keinen Pulitzer-Preis dafür verliehen, dass man die grundlegenden Glaubenssätze des Imperiums in Frage stellt.

Irakischen Beamten war bewusst, dass sie von vielen Auslandskorrespondenten keine faire Berichterstattung erwarten konnten. Was taten sie also? Sie reagierten mit einem plumpen, tolpatschigen Verhalten, wie ich es kaum jemals schlimmer erlebt habe.

Man wurde damit schon bei den Versuchen, ein irakisches Journalistenvisum zu erhalten, konfrontiert. Ein Anruf bei der irakischen Interessenvertretung Ende 2002 ergab, dass man auf die Erteilung eines solchen Visums unter Umständen zwei Monate oder länger warten musste. Ich versuchte daher ranghohe Beamte im Irak zu kontaktieren, die mit mir befreundeten Journalisten wiederum befreundet waren. Fehlschlag auf der ganzen Linie. Die Iraker sind voller Misstrauen gegenüber Reportern, die sie nicht kennen, und sogar noch misstrauischer gegenüber solchen, deren Storys ihnen nicht gefallen.

Ich konnte es vergessen, mich mit einem Touristenvisum ins Land stehlen zu wollen, wie Korrespondenten, die in einigen repressiven Staaten arbeiten, es getan haben. Hypothetische Unterhaltung mit einem Grenzposten: »Ich wollte schon immer Babylon sehen, ach, und übrigens, sind das Flakstellungen da drüben?«

Zum Glück erfuhr ich von der Delegation, mit der sich mein Coautor in den Irak begeben würde, und schaffte es, meinen Namen auf die Liste der Reporter, die den Kongressabgeordneten begleiteten, setzen zu lassen. Wir erhielten unsere Visa innerhalb von zehn Tagen. An sich erlaubten sie es uns nur, über den Besuch der Delegation zu berichten, aber ich nahm an, wie sich herausstellte, zu Recht, dass wir es irgendwie hinkriegen würden, länger zu bleiben, wenn wir erst einmal in Bagdad waren.

Alle Reporter bekamen Führer von der Regierung gestellt, die allgemein Aufpasser genannt werden. Sie halfen uns, Interviews zu arrangieren, und dienten uns als Dolmetscher. Sie sorgten aber auch dafür, dass wir uns nicht an gewisse Orte begaben und nicht mit gewissen Personen Interviews führten. Um deutlich zu machen, welchen Grad die Paranoia im Irak erreicht hat: Sogar NGOs wie die *Voices in the Wilderness* hatten Aufpasser.

Ich entwickelte ein gutes Verhältnis zu meinem Aufpasser, und er war äußerst geschickt im Umgang mit der frustrierend schwerfälligen irakischen Bürokratie. Er half mir immer wieder, diese Klippe zu umschiffen, sodass Interviews zustande kommen konnten. Ich versuchte nicht, eine Vielzahl problematischer Orte zu besuchen, wollte aber gerne Saddam City, das ärmste Viertel von ganz Bagdad, sehen. Dazu verweigerte man uns jedoch die Genehmigung.

Ende Oktober, nachdem spontane Demonstrationen ausgebrochen waren, deren Teilnehmer verlangten, über die Aufenthaltsorte irakischer politischer Gefangener informiert zu werden, wurde die Regierung sehr nervös über die Berichterstattung der diversen Medien. Sie warf die Auslandskorrespondenten von CNN aus dem Land und teilte anderen Reportern mit, dass sie nur noch Journalistenvisa mit einer Gültigkeit von zehn Tagen erhalten würden. Später im Jahr gestattete die Regierung es allerdings Journalisten, länger zu bleiben, damit sie über die Aktivitäten der Waffeninspekteure berichten konnten.

Solche Aktionen gegen sie schüchterten einige Reporter ganz offensichtlich ein. Sie machten sich Gedanken darüber, ob der Inhalt ihrer Artikel zur Ausweisung aus dem Land führen könnte oder ob man ihnen vielleicht die Wiedereinreise verweigern würde. Die irakische Regierung setzt mehrere Formen der Einschüchterung ein und hat damit bei einigen Reportern eine Art von Selbstzensur bewirkt.

Reporter einzuschüchtern ist eine klassische Waffe der jeweiligen Machthaber. Wenn ein Präsident der USA eine bestimmte Art der Berichterstattung nicht mag, kann die Administration es für die Reporter, die sich diese Berichte haben zuschulden kommen lassen, unmöglich machen, Insiderinformationen zu erhalten. Oder sie weigert sich, Telefonanrufe zu beantworten. Ausländische Reporter können sogar dazu gezwungen sein, die USA zu verlassen. Reporter lernen es schnell, Selbstzensur zu üben – wenn sie es nicht tun, werden sie kaltgestellt.

Die US-amerikanische und die irakische Medienpolitik haben mehr miteinander gemein, als die Herrscher beider Länder zugeben würden.

Norman Solomon:

Der Krieg der Medien

Mehrere Jahrzehnte lang hatte Helen Thomas als Reporterin für United Press International über das Geschehen im Weißen Haus berichtet. Zu Beginn des 21. Jahrhunderts schrieb sie Kolumnen, die in mehreren Zeitschriften zugleich erschienen – und als das Schreckgespenst eines Kriegs 2002 immer größer wurde, hielt sie mit ihrer Meinung nicht hinter dem Berg. »Es wird Bomben auf den Irak und auf unsere bürgerlichen Freiheiten regnen, wenn Bush und seine Kumpane ihren Willen bekommen«, meinte Thomas in einer Rede, die sie Anfang November am Massachusetts Institute of Technology hielt. Und, indem sie auf ihre lange Karriere zurückblickte, fügte sie hinzu: »Ich habe mich in den fünfzig Jahren, in denen ich Reporterin war, immer selbst zensiert.«

Es ist uns vielleicht recht, dass Journalisten ihre persönliche Meinung nicht in die Berichterstattung einfließen lassen, wir erwarten aber wohl immer, alle relevanten Fakten geliefert zu bekommen. Das ist jedoch nur selten der Fall. Viele Informationen von entscheidender Bedeutung werden ausgesiebt. In einer Gesellschaft, die im Genuss demokratischer Freiheiten ist und in der es wenig offenkundige Zensur gibt, ist das oft ein sehr subtiler Prozess. »Zirkushunde springen, wenn der Dompteur mit der Peitsche knallt«, meinte George Orwell vor mehr als einem halben Jahrhundert, »doch der wirklich gut dressierte Hund ist derjenige, der seinen Purzelbaum schlägt, wenn niemand eine Peitsche in der Hand hält.« In den modernen Nachrichtenstudios Amerikas, sei es beim

Fernsehen oder beim Rundfunk, werden keine Peitschen geschwungen. Redakteure, Reporter, Produzenten oder Korrespondenten werden nicht an die Leine gelegt. Doch wenige Journalisten, die für die Mainstream-Medien tätig sind, weichen weit vom Weg ab.

»In Wahrheit beruht die Effektivität des Kontrollprozesses auf seinem scheinbaren Nicht-Dasein«, erklärte der Medienkritiker Herbert Schiller. »Das erwünschte Ergebnis wird für gewöhnlich durch einen locker strukturierten, aber wirksamen institutionellen Prozess erzielt.« Schiller verwies in diesem Zusammenhang auf »die Ausbildung von Journalisten und anderen für die Medien Tätigen, eingebaute Strafen, Belohnungen dafür, dass man das von einem Erwartete tut, Normen, die als objektive Regeln präsentiert werden und das gelegentliche, aber viel sagende direkte Eingreifen von oben. Den wichtigsten Hebel liefert die Verinnerlichung von Werten.« Sich konform zu verhalten wird einem zur Gewohnheit. Zu den Ergebnissen zählt auch etwas, das Orwell als den durch Konditionierung entstandenen Reflex beschreibt: »wie aus einem Instinkt heraus vor der Schwelle zu einem gefährlichen Gedanken anzuhalten [...] und von jedem Gedankengang, der in eine ketzerische Richtung führen könnte, gelangweilt oder abgestoßen zu werden«.

Im Unterschied zur staatlichen Zensur, die für gewöhnlich leicht zu entdecken ist, geben Journalisten die von ihnen betriebene Selbstzensur kaum jemals offen zu erkennen. Sie vermeiden es in der Regel, öffentlich über Zwänge zu sprechen, die sie in ihrer Arbeit einschränken, das heißt, sie üben im Grunde Selbstzensur bezüglich der von ihnen ausgeübten Selbstzensur. In dem im höchsten Maße von Wettbewerb und Konkurrenzkampf gekennzeichneten Medienbereich muss man kein Raketenwissenschaftler oder nicht einmal Sozialwissenschaftler sein, um zu begreifen, dass Dissens nicht sehr förderlich für die Karriere ist. Das trifft vor allem in Kriegszeiten zu. Es ist ganz klar, welches die Belohnungen dafür sind, dass man mitmacht; und ebenso klar sind die Gefahren, die einem drohen, wenn man nicht linientreu ist.

Gelegentliche Offenheit von Seiten eines Journalisten mit großem Namen kann wirklich erhellend sein. Acht Monate nach dem 11. September sagte Dan Rather in einem Interview mit BBC-Television, dass die amerikanischen Journalisten sich infolge der Attentate eingeschüchtert fühlten. Einen, wie er selbst es nannte, »obszönen Vergleich« heranziehend, sagte der Anchorman von CBS nachdenklich: »Es gab einmal in Südafrika eine Zeit, in der die Menschen jemandem, der abweichender Meinung war, einen brennenden Reifen um den Hals hängten. Und in gewisser Weise besteht auch hier bei uns die Furcht, dass man so eine Halskette verpasst bekommt, dass einem wegen Mangel an Patriotismus ein brennender Reifen umgehängt werden könnte. Diese Furcht ist es, die die Journalisten davon abhält, die heikelste aller heiklen Fragen zu stellen.« Rather setzte hinzu: »Ich nehme mich selbst nicht von dieser Kritik aus.« Und fuhr dann fort: »Worüber wir hier sprechen – ob man es sich nun eingestehen will oder nicht, ob man es beim Namen nennen will oder nicht – ist eine Form der Selbstzensur. Ich bin besorgt darüber, dass der Patriotismus, wenn er Amok läuft, genau die Werte, die dieses Land zu verteidigen sucht, zu Tode trampeln wird.«

Am 8. November 2002, an dem Tag, an dem der Sicherheitsrat der UN die entscheidende Resolution bezüglich des Irak annahm, wurde im Rahmen der Sendung *All Things Considered* von National Public Radio ein Beitrag seines langjährigen Korrespondenten Tom Gjelten ausgestrahlt. »Ein Krieg gegen den Irak würde mit einer Bombardierung beginnen, und die Mittel für diese Phase der Kriegshandlungen stehen schon zum größten Teil an Ort und Stelle bereit«, berichtete er. Der Ton, in dem er sprach, war beruhigend: »Mitarbeiter des Verteidigungsministeriums sind zuversichtlich, dass der Termin, den die Vereinten Nationen [dem Irak] eingeräumt haben, sie nicht behindern wird. Sie setzen die Kriegsvorbereitungen in der Zwischenzeit fort. Ein hoher Offizier sagte: ›Wenn der Befehl kommt, müssen wir bereit sein, mit dem Rock 'n' Roll-Tänzchen zu beginnen.‹«

»Bereit, mit dem Rock 'n' Roll-Tänzchen zu beginnen«, ein wirklich bemerkenswerter Ausdruck aus dem Mund eines hochrangigen Pentagon-Offziers, um sich auf Aktivitäten zu beziehen, die mit Sicherheit vielen Menschen das Leben kosten würden. Der Kommentar löste keinerlei kritische Reaktion aus. Keines der mehreren hundert Worte, die der Nachrichtenbeitrag lang war, bot eine Perspektive gegen die gefühllose Ausdrucksweise, mit der die Hörer empfindungslos gemacht und von den menschlichen Katastrophen des realen Kriegs weggelenkt werden sollten. Eine solche Art der Berichterstattung ist risikolos. Die Gefahr, dass sie bei Informanten aus Regierungskreisen, Leitern von Nachrichtenredaktionen, Besitzern von Sendeanstalten, Werbekunden oder – im Fall von »öffentlichen Sendeanstalten« – bedeutenden Sponsoren Unwillen erregt, ist gering. NPR scheint in zunehmendem Maß für »National Pentagon Radio« zu stehen, doch Einwände von Hörern gegen diese Entwicklung haben anscheinend auf die Verantwortlichen wenig Eindruck gemacht. Das sollte einen eigentlich nicht überraschen. Der Präsident und CEO von NPR, Kevin Klose, war einst der Direktor des International Broadcasting Bureau, der Regierungseinrichtung, die für die Sender Voice of America, Radio Free Europe, Radio Liberty und Radio and Television Marti verantwortlich ist.

Die Planer und Macher von Kriegen haben sich schon seit langem auf die riesige Kluft verlassen, die zwischen den schrecklichen Realitäten des Kriegs und der professionellen Berichterstattung über sie besteht. Sogar als das Blutvergießen in Vietnam seinen Höhepunkt erreicht hatte, fanden, wie der freie Korrespondent Michael Herr später schrieb, die US-Medien »nie die richtige Art und Weise, um sich des Themas Tod würdig zu erweisen, und um den ging es ja letztlich immer. Den abstoßendsten, durchsichtigsten Bemühungen um hehre Überhöhung des Todes inmitten des ganzen Gemetzels wurde dagegen in den Zeitungen wie auch in Radio- und Fernsehsendungen eine seriöse Behandlung zuteil.«

Wenn ein Krieg sich am Horizont abzeichnet, und vor allem nachdem er ausgebrochen ist, werden die meisten Nachrichtenstudios und -büros in Amerika von einem heftigen Leiden heimgesucht. Das Medienspektakel, das sie bieten, besteht aus wenig mehr als einem beständigen Wiedervorwürgen dessen, womit man sie von oben füttert. Die Medienkost, die die Nation vorgesetzt bekommt, ist mit – immer intensiver werdender – Betonung der eigenen Rechtschaffenheit gewürzt. Moderatoren von Nachrichtensendungen, Generäle, Regierungsvertreter, Reporter und große Experten füllen die Fernsehbildschirme mit Analysen der angewandten Taktik und Strategie. Die mit Computern simulierten Darstellungen loten neue technische Grenzen der Verheimlichung und Verstellung aus, während das Pentagon seine neuesten Kriegstechnologien ausprobiert.

Live-Übertragungen mit Hilfe von Satelliten haben einen scheinbar unmittelbar am Kriegsgeschehen teilhaben lassen. Die Zuschauer durften sich aufgefordert fühlen, in Rufe des Erstaunens auszubrechen, während sie mit verfolgten, wie Raketen auf Bagdad niedergingen – als wenn es sich um ein Feuerwerk handelte. Die Mechanismen, die mehr als andere eine Abstumpfung des Menschen bewirken, werden für gewöhnlich als die angepriesen, die mehr als alle anderen zu seiner Aufklärung beitragen. Das Fernsehen verspricht, uns den Krieg in unser Wohnzimmer zu bringen, doch während wir sehen, wie weit weg von uns das Blut fließt und Menschen sich in Todesqualen winden, macht diese Berichterstattung uns nur noch emotional abgestumpfter. Wir werden nicht nur anästhesiert, man macht uns möglicherweise auch noch glauben, dass unser Bewusstsein geschärft wird. Wenn das Fernsehen über einen Krieg berichtet, dann akzentuiert es die Mythen des miteinander Verbundenseins genau da, wo es uns noch weiter von der wirklichen Verbindung mit anderen Menschen entfernt.

»Was sehen wir«, hatte der Medienanalytiker Mark Crispin Miller gefragt, »wenn wir zu Hause sitzen und einen Krieg anschauen? Erleben wir das als ein wirkliches Ereignis? Von der Möglichkeit eines solchen Erlebens auszugehen wäre ganz absurd. Es gibt da ganz offensichtlich eine Inkongruenz des Maßstabs, eine radikale Trennung der ›Schauplätze‹. Während ein Krieg zu den gewaltigsten Dingen gehört, die einem Land oder einem Volk zustoßen können, da er ganze Familien zerstört, die Dächer und Wände ihrer Behausungen hinwegfegt, sehen wir das ganze Geschehen komprimiert und miniaturisiert in einem stabilen Möbelstückchen, das funkelnd im Zentrum unserer Wohnung steht. Und das Fernsehen geht mit dem Kriegsgeschehen in noch subtilerer Weise um. Es konfrontiert uns vielleicht mit Fakten wie Tod, Verlust von Angehörigen, Verstümmelung, löscht jedoch die Erinnerung an diese Leiden sofort aus, indem es an die Stelle der Bilder der Verzweiflung einen Werbespot treten lässt, der von unerschöpflicher Munterkeit und Heiterkeit ist.« Allen erhabenen Ansprüchen zum Trotz sind die Fernsehsender Illusionsfabriken: »Der Moderator der Fernsehnachrichten tröstet uns, wie John Wayne unsere Großeltern getröstet hat, indem er nämlich die ganze Sache in der Hand zu haben scheint. [...] Da niemand, der auf dem Bildschirm zu sehen ist, zu leben scheint, scheint dort auch niemand zu sterben. Und auch die mangelnde ›Substanz‹ des Mediums in zeitlicher Hinsicht beraubt alle verhängnisvollen Momente ihres Gewichts.«

Bedeutende Zeitungen und Sendestationen liefern uns ein gewisses Maß an qualitätvollem Journalismus. Doch die weit verstreuten Inseln geistig unabhängigen Berichterstattens liegen verloren in den Meeren der stenografischen Aufnahme und Weitergabe offizieller Verlautbarungen.

Wie jeder, der in der Werbebranche tätig ist, weiß, ist Wiederholung die Essenz jeder Propaganda. Wenn sie nicht immer wieder in den nationalen Medien erklingen, bleiben bestimmte Geschichten und Meinungen gewöhnlich ohne große Wirkung.

Theoretisch besitzt jede(r) in den USA die Freiheit, das zu sagen, was er oder sie denkt. Mit der Freiheit, angehört zu werden, verhält es sich jedoch anders. Informationen aus unterschiedlichen Quellen und Meinungen von genuiner Vielfalt sollten die Öffentlichkeit eigentlich ständig erreichen, sie tun es aber nicht. Gleichzeitig verschaffen sich Erklärungen von offizieller Washingtoner Seite in den Nachrichtenmedien Geltung, ohne kaum jemals direkt auf ihren Wahrheitsgehalt überprüft zu werden. Die enorme Kluft zwischen der Redefreiheit und der Freiheit, gehört zu werden, erklärt zum Teil, warum der inbrünstige Glaube an Uncle Sams weltweite Gutmütigkeit unter den Amerikanern immer noch verbreitet ist. Wenn sie uns von den Stimmen, die die Massenkommunikation dominieren, richtig dick aufs Brot gestrichen wird, dann wird die neueste konventionelle Weisheit, die aus einer Quelle wie dem Pentagon sprudelt, schnell zu etwas Festem und Substanziellem. Die Nachrichtenabteilungen der Mainstream-Medien sind vom Einfluss großer Konzerne wie durchtränkt, sie nehmen auf deren »Empfindlichkeiten« Rücksicht. Die Auswirkungen davon sind uns so vertraut, dass wir normalerweise keinen zweiten Gedanken an sie verschwenden. Wir nehmen vielleicht an, dass sich in einer Berichterstattung das wohl abgewogene Urteil von Profi-Journalisten widerspiegelt, doch diese Journalisten sind wie in einem Netz in einer Medienindustrie gefangen, die von Konzernen beherrscht wird, die genügend finanzielle Macht besitzen, um die Bedeutung von funktionellem Professionalismus neu zu definieren.

Wir sollten nie vergessen, dass Krieg ein großes – ein sehr großes – Geschäft ist.

William Hartung, Forscher am World Policy Institute, das seinen Sitz in Manhattan hat, wies Ende 2002 darauf hin, dass die »von der Regierung Bush befürwortete Strategie eines ›vorbeugenden

Kriegs‹ das geistige Kind eines kleinen Kreises von konservativen Expertenkommissionen und Gruppierungen der Waffenlobby wie des PNAC (Project for a New American Century) ist, deren Mitglieder seit über einem Jahrzehnt darauf gedrängt haben, dass man an das Problem auf diese Weise angeht.« Hartung weiter:

In den vorbereitenden Phasen für die Präsidentenwahl im Jahr 2000 veröffentlichte das PNAC einen Bericht mit dem Titel *Der Wiederaufbau von Amerikas Verteidigung.* Dieser Bericht hat dem Pentagon unter Bush/Rumsfeld als Vorlage für seine Militärstrategie gedient, bis hin zum Prägen solcher Ausdrücke wie »Regimewechsel«. Die Gründungsurkunde des PNAC – ein einseitiger Ruf nach einer Rückkehr zu der »Frieden durch Stärke«-Strategie in den ersten Jahren der Regierung Reagan – wurde von Paul Wolfowitz, Dick Cheney, Donald Rumsfeld und zahlreichen anderen Personen unterzeichnet, die zu wichtigen Figuren in Bushs National Security Team geworden sind. Wie die *Coalition for the Liberation of Irak,* eine jüngst gebildete Vereinigung gegenwärtiger und früherer politischer Insider, die auf eine allgemeine Befürwortung der Irak-Politik der Regierung Bush hinarbeiten soll, bezieht auch das PNAC Unterstützung aus einem engmaschigen Netzwerk von konservativen Ideologen, rechtsorientierten Stiftungen und großen Rüstungsunternehmern. Bruce P. Jackson, ein ehemaliger Vizepräsident von Lockheed Martin, der ein Vorstandsmitglied von PNAC ist und die Erklärung, in der die Gruppe darlegt, welches sie als ihre Mission ansieht, mit unterzeichnet hat, ist gleichzeitig auch Vorsitzender der *Coalition for the Liberation of Irak.* Indem sie die von diesem konservativen Netzwerk befürwortete Strategie übernommen hat, hat die Regierung Bush seit dem 11. September 2001 mit Erfolg auf die Bewilligung von 150 Milliarden Dollar für neue militärische Anschaffungen und die Bezuschussung von Waffenexporten gedrängt, und ein großer Teil dieser Summe geht an größere Waffenfabrikanten wie Boeing, Lockheed und Northrop Grumman.

Solche Interessen an der Rüstungsindustrie sind starke Kräfte in einer Medienindustrie, die von dem Drang von Konzernen, ihre Profite zu maximieren, in eine bestimmte Richtung gesteuert wird. Das Hauptproblem mit den amerikanischen Medien ist ein zutiefst strukturelles. Der Äther gehört vermeintlich der Öffentlichkeit, doch riesige Gesellschaften kontrollieren ihn, das heißt die Sendungen, die über ihn gehen. Die meisten Massenmedien – Sendeanstalten, Kabelfernsehsender, Zeitungen, Bücher, Filme, die Musikindustrie und zunehmend auch das Internet – werden von großen Konzernen beherrscht. Und auch das »öffentliche Fernsehen« gerät immer mehr in den Einflussbereich der großen kommerziellen Unternehmen. Neben den – aufgrund politischer Kriterien ernannten – Mitgliedern des Vorstands der gemeinnützigen Corporation for Public Broadcasting üben große Konzerne starken Einfluss auf die Programmgestaltung aus, indem sie bestimmte Shows »sponsern«.

Und wenn in Washington Krieg auf der Tagesordnung steht, dann werden in Nachrichtensendungen die Tatsachen in extremer Weise verdreht.

Als die amerikanische Regierung widerrechtlich UN-Waffeninspekteure im Irak zu Spionagezwecken einsetzte, wurde von den amerikanischen Medien Anfang 1999 über die Tatsache an sich ausgiebig, aber nur für kurze Zeit berichtet. In den Monaten und Jahren danach drang nicht häufig etwas über die entscheidenden Fakten, über die Spionagetätigkeit selbst und den ernsthaften Schaden, den sie angerichtet hatte, in die Öffentlichkeit. Im Jahr 2002 war es gang und gäbe, dass die Medien es unterließen, über die Angelegenheit zu berichten, oder es nur in verzerrter Form taten.

Ein großer Teil der Berichterstattung stand im Einklang mit Lügen, die hochrangige Regierungsangehörige wie Verteidigungsminister Donald Rumsfeld der Öffentlichkeit wiederholt auftischten. Rumsfeld verliebte sich geradezu in die falsche Behauptung, dass Saddam Hussein die Waffeninspekteure der UN vier Jahre zuvor aus dem Land geworfen habe. Bei einer Pressekonferenz des Pentagon am 3. September 2002 sagte Rumsfeld mit einer für ihn typischen Nichtbeachtung unliebsamer Fakten: »Es waren die Iraker, die den Inspektionen ein Ende bereitet haben, das wissen wir alle. Wir haben protestiert, als die Iraker die Inspekteure herauswarfen. [...] Wäre es nett gewesen, wenn sie die Inspekteure nicht vor die Tür gesetzt hätten? Ja, das wäre vorzuziehen gewesen.« Angehörige beider Parteien haben diese Lüge nachgeplappert. Um nur einen der vielen Fälle zu nennen: Als der demokratische Senator John Kerry aus Massachusetts im Frühherbst 2002 in der MSNBC-Sendung *Hardball* auftrat, erklärte er kategorisch, dass Saddam Hussein 1998 »die Inspekteure aus dem Land warf«.

Der Irak hat die Inspekteure nicht ausgewiesen. Der Leiter der UNSCOM, Richard Butler, hat sie im Dezember 1998 zurückgezogen – und zwar unmittelbar vor einem Luftangriff durch amerikanische Bomber, der den Codenamen »Operation Desert Fox« trug.

Als Ende 2002 neue Inspektionen in die Wege geleitet wurden, wies die Expertin für biologische Waffen Susan Wright auf etwas hin, das man im Nicht-Kontext evasiver Berichterstattung nicht ohne weiteres mitbekam: »Wenn die Iraker entdecken, dass die neuen Inspektionen durch die UN wieder zu Spionagezwecken benutzt werden, dann finden sie sich in einer ausweglosen Situation wieder. Wenn der Irak weiter in die Inspektionen einwilligt, dann lässt er zu, dass seine Verteidigungseinrichtungen ausgeforscht werden. Wenn er keine Inspektionen mehr duldet, dann könnte diese Weigerung von der amerikanischen Regierung zum Anlass genommen werden, den Krieg zu beginnen.«

Wenn amerikanische Journalisten tatsächlich einmal auf die

Spionage zu sprechen kamen, die betrieben worden war, als sich zum letzten Mal UN-Inspekteure im Irak aufhielten, wurde die Angelegenheit für gewöhnlich heruntergespielt oder schöngeredet. Um sich für die »legitime Zusammenarbeit zwischen den Inspekteuren und nationalen Geheimdienstorganisationen« auszusprechen, veröffentlichte Bill Keller von der *New York Times* am 16. November 2002 einen Artikel, in dem er vorsichtig und rasch über die Geschichte amerikanischer Spionagetätigkeit hinweghuschte. »Bei der früheren Kontrolloperation des UN-Sonderkomitees ist man vermutlich zu weit gegangen, indem man den Amerikanern zu lauschen ermöglichte und so Saddams anti-amerikanischen Ausfällen eine gewisse Berechtigung verlieh.«

Häufiger jedoch wurden im Jahr 2002 in den Nachrichten, wenn man auf die Spionage zu sprechen kam, Tatsachen zu puren Behauptungen von Seiten der Iraker umgewandelt (siehe Anhang I). In der *New York Times* vom 3. August berichtete Barbara Crossette, das UNSCOM-Team sei aufgelöst worden, »nachdem Mr. Hussein die alte Kommission beschuldigt hatte, eine Spionageorganisation zu sein, und sich weigerte, mit ihr zu verhandeln«. In der Ausgabe der NPR-Sendung *All Things Considered* vom 18. November desselben Jahres sagte die Korrespondentin Vicky O´Hara: »Die letzten Bemühungen der UN, im Irak Waffeninspektionen durchzuführen, zerschlugen sich aufgrund von Bagdad erhobener Anschuldigungen, dass die Inspekteure für die USA spionierten.« Am Tag darauf berichtete die *Los Angeles Times*, vier Jahre zuvor habe »Bagdad die Anschuldigung erhoben, dass sich Spione im Team befanden, und die USA sich beklagt, dass der Irak diese Anschuldigung als Vorwand benutze, um die Inspekteure an ihrer Arbeit zu hindern«.

Ein einzelner kurzer Satz in einem Artikel von John Diamond, der am 8. August 2002 in *USA Today* erschien, war in doppelter Hinsicht irreführend: »Der Irak wies vor vier Jahren die UN-Waffeninspekteure aus und beschuldigte sie, Spione zu sein.« Während der zweite Teil dieser Aussage in höchstem Maße missverständlich ist, ist der erste schlichtweg falsch. Mehrere Monate später weigerte *USA Today* sich immer noch, einen Widerruf oder eine Richtigstellung abzudrucken.

In namhaften Zeitungen und Nachrichtensendungen wurde diese Lüge wiederholt als Tatsache präsentiert. Hier einige Beispiele:

CBS Evening News, 9. November 2002: »Doch während die UN-Waffeninspekteure sich darauf vorbereiten, zum ersten Mal, seitdem Saddam Hussein sie aus dem Land geworfen hatte, in den Irak zurückzukehren, sehen die USA sich einem heiklen Balanceakt gegenüber: den internationalen Konsens bezüglich einer Entwaffnung in einen Konsens zum Krieg umzuwandeln.«

The Washington Times, 14. November 2002: »Der Irak hat die UN-Inspekteure vor vier Jahren aus dem Land geworfen.«

Bob Woodward in der *Washington Post,* 17. November 2002: »In dieser Rede wurden die Vereinten Nationen dafür angegriffen, dass sie die Waffeninspektionen im Irak nicht mit Zwang durchgesetzt haben, vor allem in den vier Jahren, seit Hussein sie [die Inspekteure] rausgeworfen hat.«

Kein Produkt ist auf eine geschicktere Vermarktung angewiesen als eines, mit dem man große Mengen an Ressourcen vergeudet, während gleichzeitig große Mengen von Menschen abgeschlachtet werden.

Die euphemistische Einnebelung des Phänomens »Krieg« begann in Amerika schon vor Jahrzehnten. Es ist eine altbekannte Tatsache, dass die Regierung kein Ministerium und keinen Haushalt für den »Krieg« mehr besitzt. Jetzt setzt man vor alles das Wort »Verteidigung«, ein Wort mit einer ausgeprägten Aura inhärenter

Rechtfertigung. Die verborgene Effizienz dieser Umetikettierung kann an der Tatsache abgelesen werden, dass viele Gegner leichtsinniger Bereitstellung von finanziellen Mitteln für das Militär in diesem Zusammenhang von »Verteidigungsausgaben« sprechen.

Seit den Achtzigerjahren haben die Medien der Massenvernichtung, die als Kriegführen bekannt ist, zunehmend ein neues Image verliehen, gewissermaßen an ihrer »Aufpolierung« gearbeitet. Die erste Regierung Bush gab den PR-Abteilungen neue Techniken an die Hand, der Öffentlichkeit Militäraktionen der USA zu »verkaufen«, indem sie, wie der Sprachwissenschaftler Geoff Nunberg sich erinnert, »für die Operationen Namen wählte, die die politische Sichtweise prägen sollten.« Die Operation in Panama im Dezember 1989 lief unter dem Namen *Just Cause* [Gerechte Sache] ab, und dieser Name war bei den Medienleuten sofort ein Hit. »Eine ganze Reihe von Moderatoren von Nachrichtensendungen übernahmen den Ausdruck *Just Cause*, was die Regierungen Bush und Clinton dazu ermutigte, weiterhin solche tendenziösen Namen zu verwenden.« Nunberg weist darauf hin, dass »alles nur auf die richtige Bezeichnung der Ware ankommt. Und es ist kein Zufall, dass die Namen neuen Stils wie *Just Cause* zu ungefähr derselben Zeit eingeführt wurden, als die Nachrichtensender, die per Kabel zu empfangen waren, begannen, ihre Berichte über die wichtigsten Ereignisse mit eingängigen Namen und Logos zu kennzeichnen.« Das Pentagon wurde zur selben Zeit sehr geschickt darin, an Videospiele erinnernde Bilder von amerikanischen Raketenangriffen zur Verfügung zu stellen, zu der es auch begann, den Wortlaut für die Überschriften in großen Lettern zu liefern, die auf den Bildschirmen aufleuchteten.

Seit dem Golfkrieg Anfang 1991 haben Menschen, ganz gleich auf welcher Seite des politischen Spektrums sie stehen, sich auf jenen todbringenden Ausbruch von Gewalt mit seinem damaligen Codenamen *Operation Desert Storm* – oder häufiger einfach *Desert Storm* – bezogen. Wenn man nur beiläufig hinhört, dann klingt das nach einem Naturereignis oder vielleicht auch nach einem Akt Gottes. Wie auch immer: Dem vagen Eindruck nach, den der Name *Desert Storm* evoziert, haben Männer wie Dick Cheney, Norman Schwarzkopf und Colin Powell höchstwahrscheinlich nur bei der Realisierung eines von Gott gewollten Naturereignisses assistiert: dem Wüten eines heftigen Sturms und dem Niederprasseln eines Regens von lasergelenkten 2000-Pfund-Bomben. Wie der Leiter der Abteilung für öffentliche Angelegenheiten innerhalb der Army, Major General Charles McClain, bald nach dem Ende des Golfkriegs kommentierte: »Die Art und Weise, in der eine Operation wahrgenommen wird, kann für den Erfolg genau so wichtig sein wie die Art und Weise, in der sie vorgenommen wird.«

Als das Bush-Team im Oktober 2001 Raketen auf Ziele in Afghanistan abschießen ließ, präsentierte es für diese Operation die Bezeichnung ›*Infinite Justice*‹ [Unendliche Gerechtigkeit], kam aber schnell wieder von diesem Codenamen ab, als es erfuhr, dass Muslime ihn als beleidigend empfanden. weil ihrem Glauben nach nur Allah unendliche Gerechtigkeit herstellen kann. Der Ersatzname, ›*Enduring Freedom*‹ [Dauerhafte Freiheit; auch: Ertragen der Freiheit], wurde von den Massenmedien in den USA gut aufgenommen, denn diese Massenmedien stellen eine ironiefreie Zone dar, in der nur eine mit einem unziemlichen Maß an Frechheit ausgestattete Person anmerken könnte, dass einige Menschen keine andere Wahl hätten, als die Freiheit des Pentagons, Bomben abzuwerfen, zu ertragen.

Bei der Planung von amerikanischen Militäraktionen denken die dafür Verantwortlichen im Weißen Haus nicht anders als Marketing-Strategen. Es war ein viel sagender Lapsus, als Präsident Bushs Stabschef, Andrew Card, im Sommer 2002 der *New York Times* anvertraute: »Unter Marketing-Aspekten führt man im August keine neuen Produkte ein.« Es war kein Zufall, dass die Präsentation neuer und verbesserter logischer Erklärungen für die Notwendigkeit eines Kriegs mit dem Irak nicht vor September stattfand.

Die »Spin-Doktoren« im Weißen Haus haben unzweifelhaft beträchtliche Energie darauf verwandt, die verschiedenen Möglichkeiten durchzugehen, wie man den lange erwarteten Angriff der USA auf den Irak nennen könnte. Und während die meisten Amerikaner seinen beruhigenden Code-Namen kennen werden, werden wir nie die Namen der Iraker kennen, die man in unserem Namen töten wird.

Stimmen von den Straßen des Irak

Die Nacht hat sich über die staubige zweispurige Straße im Ostirak gesenkt, als der Fahrer ganz beiläufig anmerkt, dass seine Familie in einer nahe gelegenen Stadt wohnt. Als er gefragt wird, ob es ihm etwas ausmachen würde, wenn ein Besucher aus Amerika seine Familie kennen lernte, steigt der Taxifahrer auf die Bremse und reißt den Wagen herum.

»Warum sollte er sie nicht kennen lernen?«, sagt er mit einem Lächeln.

Nach ungefähr dreißigminütiger Fahrt kommt das Taxi am unbefestigten Straßenrand vor einem Gebäude in einem Arbeiterviertel schlidddernd zum Stehen. In diesem – einem Kaninchenbau ähnelnden – Sammelsurium vieler kleiner Häuser lebt seine ganze Sippe, die aus zwanzig Personen besteht: Arbeitern, Lastwagenfahrern und einem Ladenbesitzer.

Auf diese Weise nimmt eines der aufrichtigsten und freimütigsten Interviews seinen Anfang, das ein Reporter in Saddam Husseins Irak überhaupt führen kann. Normalerweise werden Reporter ständig von einem Aufpasser der Regierung begleitet, dessen Gegenwart schon genügen kann, Gespräche zum Stocken zu bringen. Sogar wenn kein Aufpasser zugegen ist, sind Iraker vorsichtig, was politische Diskussionen betrifft, sobald Fremde sich in Hörweite befinden.

Ein Bruder des Fahrers spricht fließend Englisch. Er redet am meisten und dolmetscht für die anderen Familienmitglieder.

»Wenn es einen Krieg gibt, werden wir zu Hause bleiben«, sagte er ganz offen. »Wir haben im letzten Krieg gelernt, dass es nicht hilft, wenn man in einen Luftschutzbunker oder aufs offene Land flieht.«

Während des Golfkriegs von 1991 haben die USA den Amerija-Bunker in Bagdad bombardiert und Hunderte von Menschen, die dort Schutz gesucht hatten, getötet. Die USA behaupteten später, der Bunker sei eine militärische Kommando- und Kontrollzentrale gewesen. Heute kann jedermann den Bau besichtigen, der in ein Museum umgewandelt wurde, und sich mit eigenen Augen Beweise dafür ansehen, dass es sich bei den Getöteten um Zivilisten handelte. Die Amerikaner haben auch Brücken in entlegenen ländlichen Gebieten bombardiert und dabei Zivilisten getötet.

Es fällt nicht schwer zu verstehen, warum viele Iraker zu dem Schluss gekommen sind, dass es klüger ist, zu Hause zu bleiben, anstatt sich in Bunker zu flüchten oder zu Verwandten auf dem Land überzusiedeln.

Während beinahe alle Iraker in der Öffentlichkeit ihre Unterstützung Saddam Husseins bekunden, betonten die Mitglieder dieser Familie wie viele ihrer Landsleute im privaten Gespräch, wie sehr die Regierung ihnen zuwider wäre. »Saddam hat uns nichts anderes eingebracht als Krieg«, sagte einer, »aber wir wollen trotzdem nicht, dass die Amerikaner in unser Land einmarschieren.«

Jeder von mir interviewte Iraker äußerte eine ähnliche Einstellung. Hass auf Saddam Hussein bedeutet nicht, dass die Leute eine Besetzung des Irak durch die Amerikaner wollen.

»Wir sind in Sorge, dass unser Land auseinander fallen könnte«, sagt ein anderes Familienmitglied. »1991 ist das beinahe schon passiert. Unser Freund hier ist Kurde und er kann noch nicht einmal seine eigene Familie besuchen.«

Der Freund, ein Mann um die Mitte dreißig von kurdischer Abstammung, erklärt, dass seine Angehörigen im nördlichen Teil des Irak leben, der jetzt von kurdischen Gruppen kontrolliert wird, die unter dem Schutz der USA stehen. Er hörte damit auf, seinen Verwandten Besuche abzustatten, weil er an der Grenze, die de facto von den USA nach dem Golfkrieg eingerichtet wurde, sowohl von den irakischen wie von den kurdischen dort postierten Posten schikaniert wurde.

Die Furcht, dass die Nation zerfallen könnte, ist berechtigt. Viele Iraker haben Angst, dass das Land sich im Fall einer amerikanischen Invasion in einen von den Kurden kontrollierten Norden und einen von den Schiiten kontrollierten Süden aufspalten wird. Selbst wenn es zu keiner formalen Aufteilung des Territoriums käme, so meinen sie, drohten die ethnischen und religiösen Differenzen, das Land zu entzweien, wie es in Afghanistan geschehen war.

Bushs Plan für einen »Regimewechsel« gibt ebenfalls Anlass zu großer Sorge. Die Iraker wissen nicht, wer den neuen Staat nach Saddam Hussein regieren sollte. »Von den meisten dieser exilierten Führer haben wir noch nie etwas gehört«, sagt der Bruder und bezieht sich dabei auf die führenden Männer des Irakischen Nationalkongresses, die von den USA als potenzielle Oberhäupter einer Regierung »post Hussein« vorgeschlagen wurden.

»Und der König?«, fuhr er dann fort, womit er auf die Möglichkeit einging, dass die USA einen Verwandten von Faisal II. wieder einsetzen würden, des Königs, der im Zuge des Kampfes gegen die britische Kolonialherrschaft 1958 gestürzt worden war. »Wer erinnert sich denn noch an den König oder weiß heute noch etwas über die Monarchie? Wen werden die USA zum Herrscher dieses Landes salben – und wie wird dieser neuer Führer herrschen?«

Einige Personen im Westen treten für die Wiedereinsetzung eines Monarchen im Irak ein, genau wie die USA während des Kriegs in Afghanistan sich für Zahir Schah als neues Oberhaupt der Afghanen aussprachen. Der 88-jährige Ex-König wurde von vielen als jemand gefeiert, der aufgrund seines Ansehens und seiner Popularität die Alternative zu den Anführern der Taliban darstellte. Erst

57

später erfuhr die amerikanische Öffentlichkeit, dass der alte Herr kaum zu sprechen vermochte und keinerlei politische Basis innerhalb Afghanistans besaß. Heute bleibt er in seinem Palast in Kabul hocken und spielt keine signifikante Rolle im politischen Geschehen.

Die Regierung Bush weiß, dass es nicht leicht sein wird, Saddam Hussein zu ersetzen. Wenn er auch ein rücksichtsloser Diktator ist, so hat er es doch verstanden, die nationale Einheit des Landes zu erhalten. Das ist auch der Grund dafür, dass die Amerikaner und die Briten ihn während der Achtzigerjahre unterstützten.

Wie die Invasion der Amerikaner in Afghanistan gezeigt hat, ist es jedoch viel einfacher, ein altes Regime zu stürzen, als eine neue funktionierende Regierung zu etablieren, noch dazu eine demokratische. Vielleicht ist das der Grund dafür, dass Washington die Möglichkeit in Erwägung zog, einen General der US-Army einzusetzen, damit er den Irak verwaltete, bis einheimische Politiker auf Herz und Nieren überprüft und für gut genug befunden worden sind, die Regierung zu übernehmen. Natürlich fällt es dem irakischen Volk schwer zu verstehen, warum ein Diktator aus den Kreisen des amerikanischen Militärs besser sein soll als ein einheimischer.

Am Ende dieses impromptu zustande gekommenen Gruppeninterviews sagt der Patriarch der ganzen Sippe noch: »Wir sind des Kämpfens müde. Wir wollen keinen neuen Krieg mit den USA – und mit niemandem sonst.«

Alle von mir interviewten Iraker bekundeten, kriegsmüde zu sein, einige erklärten aber auch, dass sie durchaus willens seien, zu kämpfen.

Während der größte Teil Bagdads aus Betonbauten besteht, die seit den Sechzigerjahren hochgezogen worden sind, gibt es im Zentrum noch uralte Wohnhäuser und Läden aus Holz. Wenn man das Café Al Zahawi betritt, glaubt man, in einem Film aus den Dreißigerjahren gelandet zu sein. Männer hocken auf hölzernen Bänken und rauchen mit duftendem Tabak gefüllte Wasserpfeifen. Andere klatschen Dominosteine auf grob gezimmerte Tische. Frauen sind hier keine zu sehen.

Ibrahim Jalil, ein 40-jähriger Angestellter, sieht die jüngsten Kriege des Irak anders. Jalil meint, dass die Iraker an Krieg gewöhnt seien – und keine Angst verspürten, wenn es wieder zu einem käme. Jalil erklärt, er werde im Fall einer amerikanischen Invasion Widerstand leisten.

»Bis zum letzten Blutstropfen werden wir kämpfen und jeden Ausländer töten, der versucht, dieses Land zu besetzen«, sagt er. »Der Lehre des Islam zufolge sollen wir drei Dinge verteidigen: unser Land, unsere Ehre und unser Eigentum. Für diese Dinge zu sterben bedeutet für uns, den Märtyrertod zu erleiden.«

Jalil schließt sich damit der offiziellen Linie der Regierung an. Die Iraker, so hat Saddam Hussein immer wieder verkündet, werden einen erbitterten Kampf führen, um die amerikanischen Invasoren zurückzuschlagen. Einige werden das tun, weil sie damit ihrer Meinung nach ihre Ehrenhaftigkeit unter Beweis stellen; viele andere werden aber passiv bleiben.

Das Bagdader Geschäftsviertel ist ein von Lärm und Staub erfüllter Bereich der Stadt. Autofahrer drücken wegen jedes kleineren Verkehrsproblems auf die Hupe; auf den Oberflächen der meisten Dinge liegt eine dünne Schmutzschicht. In Fadhil Hiders kleinem Geschäft findet man Zuflucht vor dem Straßenlärm. Hider verkauft Ku<gelschreiber, Gebetsschnüre und eine scheinbar unendliche Vielfalt von Schnickschnack.

Als mittlerweile 61-Jähriger hat Hider die Zeit des britischen Neokolonialismus durchlebt, als der Irak eine Monarchie war. Er hat sogar ein Poster von König Faisal II. deutlich sichtbar im Hintergrund seines Ladens aufgehängt. Auf die Frage, ob solche offen bekundete Sympathie für das alte Regime ihm nie Prob-

leme bereitet hat, zuckt er mit den Schultern und sagt: »Nein.«
Auf die Frage, ob die königliche Familie heute im Volk noch An-
hänger besitzt, zuckt er erneut mit den Schultern und sagt wieder:
»Nein.«

Hider kritisiert Saddam Hussein nicht, aber er rühmt den großen
Führer auch nicht. Kennzeichnenderweise spricht Hider nicht davon, dass er bei einer amerikanischen Invasion Widerstand leisten
werde. Er gibt vielmehr einem Gefühl von Hilflosigkeit Ausdruck,
das viele Iraker verspüren.

»Was können wir denn tun? Ich werde meinen Laden schließen.
Viele andere werden dasselbe machen. Und wir werden abwarten,
was passiert. Es ist ein Krieg zwischen zwei Staaten. Der eine besitzt eine hoch entwickelte Technologie, der andere nicht.« Hider
erklärt, dass ihn bei dem Gedanken an eine amerikanische Invasion die Wut ergreift. Er meint: »Politische Führer aus dem Ausland sollten den Irakern nicht vorschreiben, was sie zu tun haben.«

»Wenn das irakische Volk einen Wechsel will, dann sollte dieses
Volk den Wechsel selbst herbeiführen, er sollte nicht von außen
erzwungen werden. Wenn es Probleme mit der Regierung gibt,
dann sollte das Volk selbst sie absetzen – nicht Blair oder Bush oder
Chirac.«

Die Universität Bagdad ist ein Komplex von tristen Gebäuden
aus grauem Beton, bei dessen Bau man sich anscheinend von der
architektonischen Majestät eines Moskauer Wohnblocks hat inspi-
rieren lassen. Vorlesungen und Seminare finden in Räumen statt,
die mit nichts als mit harten hölzernen Stühlen möbliert sind und in
denen es keine Klimaanlage gibt, um gegen die sengende Wüsten-
hitze anzukämpfen, die an vielen Tagen auch in der Stadt herrscht.

Eine Anzahl von Studenten und Studentinnen, die sich zur
Sprechstundenzeit vor dem Büro eines Professors angestellt hatten,
brannte darauf, mit einem amerikanischen Reporter zu reden. Beinahe reflexhaft begannen einige von ihnen das herunterzubeten,

was von einem loyalen Bürger des Landes erwartet wurde. Ihre Proklamationen klangen absurd – und werden, ganz gleich welchen Maßstab man anlegte, es immer sein.

»Wir lieben unsren Präsidenten Saddam Hussein und sind stolz auf ihn«, erklärte Reem Al Baikutj, die im vierten Jahr Englisch studierte. »Wir sind stolz auf alles, was er tut und sagt.« Dann verteidigt sie das Riesenaufgebot an Saddam-Postern, -Gemälden, -Wandbildern und -Statuen, von dem man ständig umgeben ist. Es ist ein Personenkult von einem Ausmaß, dass er sogar Stalin in Verlegenheit gebracht hätte.

Andere Studenten zeigten sich jedoch weniger begeistert von Hussein. Keiner von ihnen wagte es, ihn offen zu kritisieren, doch sie deuteten mit Gesten, mit Schulterzucken und Kopfschütteln an, dass er Gegner hat.

Eine graduierte Studentin, die darum bat, dass ihr Name nicht genannt wurde, hat zehn Jahre lang in den USA gelebt. Sie möge die Amerikaner und das amerikanische Regierungssystem wirklich sehr, sagte sie, doch nachdem sie mit ihrer Familie in den Irak zurückgekehrt sei, habe sie den Golfkrieg durchleben müssen.

»Wenn wir Berichte im Fernsehen sehen, dann sagen wir uns, die Leute [in Amerika] haben doch alles. Sie haben großartige Schulen, eine großartige Ausbildung, sie führen ein großartiges Leben. Warum kommen sie hierher, um über ein Land herzufallen, das noch in den Kinderschuhen steckt? Ich bekomme im April ein Baby und ich denke oft: ›Wird dieses Kind jemals geboren werden und – wenn ja – in was für eine Situation wird es dann hineingeboren werden?‹«

Die junge Frau, die immer noch Freunde in Amerika hat, sagt, dass sie und ihr Mann vielleicht vor eine schreckliche Entscheidung gestellt würden, falls amerikanische Soldaten in Bagdad eindringen sollten.

»Mein Mann und ich haben neulich darüber gesprochen«, erzählte sie. »Was wäre, wenn plötzlich ein Amerikaner vor unserer

Tür stünde. Er sagte: ›Ich würde ihn töten.‹ Was mich selbst betrifft, so wüsste ich nicht, was ich tun würde.«

Saad Hasani ist der Professor, dessen Sprechstunde diese Studenten besuchen wollen. Er hat an der Universität Leeds in England studiert und hält an der Universität von Bagdad Vorlesungen und Seminare über das moderne englische Drama ab. In gewisser Weise gehört er zwei Welten an – er hat einen Fuß in Westeuropa und einen im Irak.

Professor Hasani bestätigt mit ruhiger Stimme, dass einige westlich orientierte Iraker vielleicht einen Versuch der USA, Präsident Hussein zu stürzen, unterstützen würden, doch er meint, dass die meisten seiner Landsleute aufrichtig dagegen sind. Und er zitiert einen alten arabischen Spruch: »Ich und mein Bruder gegen meinen Vetter, doch ich und mein Bruder und mein Vetter gegen einen Fremden.«

Ein Reporter kann immer nur schwer beurteilen, ob die Leute ihre wahren Gefühle und Ansichten äußern. Der Reporter, der dieses hier schreibt, hat im Januar 2002 Afghanistan besucht und Dutzende von Leuten interviewt, die er nach dem Zufallsprinzip auf der Straße angehalten hat. So gut wie jeder von ihnen sagte, dass er das alte Taliban-Regime gehasst und das amerikanische Militär willkommen geheißen habe. Sogar einige Leute, die durch amerikanische Bomben verletzt worden waren oder Angehörige verloren hatten, sagten das.

Wenn ich genau dieselben Leute ein halbes Jahr früher befragt hätte, hätten vielleicht viele von ihnen die Taliban gepriesen und auf die Amerikaner geflucht. Manchmal erzählen einem die Leute das, was man ihrer Meinung nach hören will – und was in politischer Hinsicht ungefährlich ist.

Wir sollten über solch ein Verhalten nicht allzu überrascht sein. Versuchen Sie sich einmal vorzustellen, wie Sie reagieren würden, wenn jemand an Ihrem Arbeitsplatz auftauchte und Sie nach Ihrer ehrlichen Meinung über Ihren Chef und Ihre Kollegen fragte. Selbst wenn man Ihnen verspräche, dass Sie vollkommen anonym bleiben würden, wären Sie wohl ein wenig auf der Hut. Wenn ein neuer Chef an Bord gekommen wäre, dann würden Sie den alten vielleicht leichteren Herzens kritisieren, doch Sie würden mit Kommentaren über den neuen vorsichtig bleiben. Afghanen und Iraker sind in dieser Hinsicht nicht anders – und sie haben noch mehr zu verlieren als ihren Job.

Nach einer Invasion des Irak und anschließender Besetzung des Landes werden amerikanische Reporter mit Sicherheit auf Leute treffen, die sich kritisch über Saddam Husseins Regime äußern. Einige von ihnen werden das amerikanische Militär rühmen. Sagen sie dabei die Wahrheit?

Was würden Sie über Ihren neuen Chef sagen?

Norman Solomon:

Tendenziöse Berichterstattung über den 11. September, Terrorismus und Massenvernichtungswaffen

> Dem, der Böses tut,
> Wird unabwendbar Böses widerfahren.
>
> *W. H. Auden*

Im Frühherbst 2002, kurz bevor der Kongress dafür stimmte, einen Krieg gegen den Irak zu autorisieren, ergab eine Meinungsbefragung von CBS News, dass 51 Prozent der Amerikaner glaubten, Saddam Hussein sei in die Attentate vom 11. September 2001 verwickelt. Bald danach berichtete das Pew Research Center, dass zwei Drittel der amerikanischen Öffentlichkeit der Meinung waren, Saddam Hussein habe »die für die Attentate vom 11. September verantwortlichen Terroristen unterstützt«.

Ungefähr zur gleichen Zeit meldete ein Korrespondent, der für Inter Press Service arbeitet, »Spionageorganisationen der USA« seien »anscheinend übereinstimmend der Ansicht, dass einfach kein Beweismaterial existiere, welches Bagdad mit den Attentaten vom 11. September oder irgendwelchen anderen Angriffen auf Ziele im Westen seit 1993 in Verbindung bringe«. Es gab keine faktische Basis für Behauptungen, die Iraker hätten in irgendeiner Form mit jenen damals gerade erfolgten terroristischen Akten zu tun. Doch die Ergebnisse der Befragungen von CBS News und dem Pew Reserach Center sind hilfreich bei der Erklärung, wie das Weiße Haus es vermocht hat, sich so breite Unterstützung zu verschaffen, als es den Irak zum Angriffsziel erklärte.

Die Regierung Bush hat nie gezögert, die Ängste, die infolge der traumatischen Ereignisse vom 11. September 2001 in der Öffentlichkeit aufkamen, für ihre Zwecke auszunützen. Als er genau dreiundfünfzig Wochen später auf dem Capitol Hill seine Aussage ablegte, schlug auch Donald Rumsfeld sofort zu, als ein Mitglied des Armed Services Committee des Senats die Notwendigkeit für einen Militärschlag gegen den Irak anzweifelte.

Senator Mark Dayton: »Was sollte uns jetzt dazu zwingen, eine so überstürzte Entscheidung zu fällen und eine so überstürzte Aktion durchzuführen?«

Verteidigungsminister Rumsfeld: »Was jetzt anders ist? Was anders ist, ist, dass 3000 Menschen getötet wurden.«

Es war in der Praxis nahezu irrelevant, dass es keinerlei glaubwürdigen Beweise für die angeblichen Kontakte Bagdads zu den Attentätern vom 11. September gab. Wie man behauptete, sollte es in Prag zu einem Treffen zwischen Mohammed Atta, dem Entführer eines der Flugzeuge, und einem irakischen Nachrichtenoffizier gekommen sein. Doch nachdem schon von vielen größeren Medien in den USA – sehr leichtgläubig – über dieses Zusammentreffen als einem faktischen Ereignis berichtet worden war, wurde die Behauptung als falsch widerlegt (und zwar mit Hilfe des tschechischen Staatspräsidenten Vaclav Havel). Ein weiterer leicht zu durchschauender Schachzug wurde von Rumsfeld unternommen, als er Saddam Hussein bezichtigte, Mitgliedern von al-Qaida Unterschlupf gewährt zu haben. Die englische Zeitung *The Guardian* stellte richtig, dass diese Männer »in Wirklichkeit in den kurdischen Teil des Irak gereist waren, über den er [Hussein] keine Kontrolle besitzt«. Trotzdem entwickelten solche bewussten Falschmeldungen oft eine starke Dynamik, ihre Verbreitung war kaum aufzuhalten. Wie es schon Mark Twain formulierte: »Eine Lüge

65

kann schon halbwegs um den Erdball geeilt sein, bevor die Wahrheit überhaupt erst ihre Stiefel angezogen hat.«

Der frühere CIA-Analytiker Kenneth Pollack fand ein enormes Echo in den Medien, als er Ende 2002 sein Buch *The Threatening Storm: The Case for Invading Iraq* [dt. *Die Akte Saddam*, in: *Der Spiegel*, Nr. 5–8/2003] veröffentlichte. Die Leserreise, mit der er für sein Buch warb, nahm oft die Züge einer Reise an, mit der für den Krieg geworben wurde. Bei einem typischen Auftritt im Sender CNN mit Anchorman Wolf Blitzer, der zweimal den Ausdruck »ein wichtiges neues Buch« benutzte, erklärte Pollack, warum er zu der Ansicht gelangt sei, eine »massive Invasion« des Irak sei nicht nur wünschenswert, sondern auch durchführbar. »Der wirkliche Unterschied war der Umschwung seit dem 11. September. Das Gefühl, dass nach dem 11. September das amerikanische Volk nun bereit war, Opfer zu bringen, um zu verhindern, dass Bedrohungen aus dem Ausland bis in unser Land kommen, um uns hier heimzusuchen – dies machte es möglich, an eine starke Streitmacht zur Invasion des Irak zu denken.«

Der Nahost-Korrespondent Robert Fisk traf genau ins Schwarze, als er im Londoner *Independent* unmittelbar nach Verabschiedung der Resolution des UN-Sicherheitsrats im November 2002 schrieb: »Der Irak hat absolut gar nichts mit dem 11. September zu tun. Wenn die USA eine Invasion des Irak unternehmen, dann sollten wir uns an diese Tatsache erinnern.« Die Bush-Mannschaft vermochte die Emotionen, die nach dem 11. September hochgekommen waren, auf vielen psychologischen Ebenen zu manipulieren: Da wurde nicht nur das Phantom einer Verwicklung des Irak in jenes große Verbrechen gegen die Menschheit aufgebaut. Zu den dramatischen Veränderungen des politischen Klimas nach dem 11. September gehörte auch ein drastisch vermehrtes – und von Menschen wie Rumsfeld, Dick Cheney und dem Präsidenten selbst begeistert gefördertes – Umsichgreifen der Ansicht, dass unser Militär bereit sein sollte, potenzielle Feinde anzugreifen, bevor diese uns anzugreifen vermöchten. Wenige Politiker oder Fachleute waren willens, der Realität ins Auge zu sehen: dass dies nämlich die Formel für immerwährenden Krieg war – und für das Heranzüchten neuer Feinde, die es nur logisch finden würden, wenn sie ihrerseits sich dasselbe Kredo zu Eigen machten.

Präsident Bushs Sicherheitsberaterin »meinte, dass der Regierung kaum eine Wahl bleibe, was Hussein betreffe«, wusste der Reporter Bob Woodward Mitte November 2002 zu melden. Ein Ausspruch von Condoleezza Rice, den er zitierte, fasste den von der Regierung eingeschlagenen Kurs kurz und bündig zusammen: »Nehmt euch früh genug aller Bedrohungen an.«

Genau zu bestimmen, was eigentlich eine Bedrohung darstellt – und wie man sich ihrer »annehmen« soll –, das obläge dann dem Auge des Betrachters im Oval Office.

Ganz zu Recht mischten sich in der Reaktion der US-Medien auf den 11. September Entsetzen, Abscheu und uneingeschränkte Verdammung der Verantwortlichen miteinander. Die Bereitschaft der Terroristen, zu zerstören und zu töten, war etwas abgrundtief Böses. Punkt. Die Bereitschaft des Pentagons, zu zerstören und zu töten, wurde jedoch in den letzten Monaten des Jahres 2002 zunehmend zu etwas absolut Gerechtfertigtem stilisiert. Reporter und Fachleute nahmen die Mutmaßungen Washingtons auf, um sie ungeprüft wiederzugeben, und ein voraussichtlicher neuer Militärschlag gegen den Irak wurde dadurch immer akzeptabler. Um die Zivilisten dort machte man sich wenig Gedanken: Ihre letzten Momente in Bagdad, wenn die Raketen einschlugen, würden den letzten Momenten derer ähneln, die im World Trade Center und im Pentagon umgekommen waren.

»Die größten Triumphe der Propaganda wurden nicht durch Handeln, sondern durch Unterlassung erreicht«, hat Aldous Huxley schon vor langer Zeit festgestellt. »Groß ist die Wahrheit, größer aber, vom praktischen Gesichtspunkt, ist das Verschweigen der

Wahrheit.« Trotz des ganzen Lärms, den die Medien bei ihrer Berichterstattung über den 11. September veranstaltet haben, hat ein – rigoros selektives – Schweigen die Nachrichtensendungen der etablierten Radio- und Fernsehanstalten durchzogen und auf den Nachrichtenseiten der etablierten Zeitungen geherrscht. Für die Aktivisten in Washington ist dieses Schweigen von unermesslichem praktischen Nutzen gewesen. Die Aktion des amerikanischen Militärs bleibt gerechtfertigt, solange man sie als Reaktion auf den von den Hijackern verübten Massenmord sieht und solange das zweierlei Maß, mit dem hier implizit gemessen wird, unbeachtet bleibt.

Während am Morgen des 11. September 2001 Rettungsmannschaften dem dichten Qualm und dem Schutt trotzten, half der ABC-Kommentator Vincent Cannistraro Millionen von Fernsehzuschauern die Ereignisse, die sich da abspielten, aus dem richtigen Blickwinkel zu sehen. Cannistraro ist ein ehemaliger hochrangiger Mitarbeiter der CIA. Er war für die Zusammenarbeit der CIA mit den Kontras in Nicaragua während der frühen Achtzigerjahre verantwortlich. Nachdem er 1984 in den National Security Council aufgerückt war, wurde er mit der Abwicklung der geheimen Unterstützung von afghanischen Guerilla-Kriegern beauftragt. Mit anderen Worten: Cannistraro hat langjährige Erfahrung mit der Unterstützung von Terroristen – erst mit der von Kontra-Kämpfern, die in Nicaragua ganz gewohnheitsmäßig Zivilisten umbrachten, und dann mit der von Mudschaheddin-Rebellen in Afghanistan wie Osama bin Laden.

Wie konnte ein so langjähriger Verbündeter von Terroristen, die von staatlicher Seite aus finanziert waren, jetzt vor laufender Kamera den Terrorismus verdammen? Ganz einfach. Man kann *business as usual* betreiben, indem man in einem geschichtslosen Bereich bleibt und unbequeme Fakten ausgeklammert lässt. In seinem Roman *1984* hat George Orwell die dafür notwendigen mentalen Abläufe beschrieben: »Dieser Prozess muss bewusst erfolgen, weil er sonst nicht mit genügender Präzision ausgeführt werden würde, doch er muss aber auch unbewusst erfolgen, weil er sonst von einem Gefühl der Lüge und somit von Schuld begleitet würde. [...] Bewusste Lügen zu erzählen, an die man ehrlich glaubt, jede unbequem gewordene Tatsache zu vergessen, um sich bei Bedarf wieder daran zu erinnern; die Existenz einer objektiven Realität zu leugnen und die ganze Zeit über die von einem geleugnete Realität einzukalkulieren – all dies ist unabdingbar.«

Außenminister Colin Powell prangerte Personen an, die »meinen, mit der Zerstörung von Gebäuden, der Ermordung von Menschen auf irgendeine Weise politisch etwas bewirken zu können«. Powell bezog sich damit auf die Hijacker, die Stunden zuvor seinem Land einen so brutalen Schlag versetzt hatten. Ohne es zu wollen, charakterisierte er aber auch eine lange Reihe von hohen Regierungsangehörigen in Washington. Mit Sicherheit hatten die, die damals in den USA die Politik machten, geglaubt, »politisch etwas bewirken zu können«, indem sie sich dafür entschieden, 1991 auf Bagdad oder 1999 auf Belgrad Raketen loszulassen und so die »Zerstörung von Gebäuden« und »Ermordung von Menschen« zu verursachen. Doch in den US-Medien kommt es selten zu einer Untersuchung der Todesfälle, für die die amerikanische Regierung verantwortlich ist. Nur einige besondere Grausamkeiten verdienen es, ins Rampenlicht gerückt zu werden. Nur einige Opfer verdienen Mitgefühl. Nur bestimmte Verbrechen gegen die Menschlichkeit verdienen es, dass wir Tränen über sie vergießen.

Der »Spin« einer Geschichte, ihre tendenziöse Einfärbung, wird oft mit einem einzigen Wort erreicht. In der PR-Welt hängen Erfolg oder Versagen unter Umständen von der Reaktion der Öffentlichkeit auf ein bestimmtes Schlagwort ab. Seit den Attentaten vom 11. September ist kein einziges Schlagwort öfter verwendet worden als »Terrorismus«. Während der ersten zwei Tage des Oktobers 2001 war auf der Website von CNN eine merkwürdige kleine Verlautbarung zu finden. »Es hat unzutreffende Meldungen gegeben, dass CNN nicht das Wort ›Terrorist‹ benutzt habe, um sich auf die Personen zu beziehen, die das WTC und das Pentagon angegriffen haben«, hieß es dort. »Tatsächlich aber hat CNN die Attentäter und Hijacker konsequent und wiederholt als Terroristen bezeichnet und wird das auch weiterhin tun.«

Dieses Dementi von CNN beruhte, was den Inhalt betraf, auf der Wahrheit, und gängigen Standards der Medien nach war es beruhigend. Doch es wich einer grundlegenden Frage aus: Wer genau fällt in die Rubrik »Terrorist«?

Für jeden Mainstream-Journalisten dieses Landes ist das eine völlig überflüssige Frage. Mehr denn je scheint klar zu sein, was das Etikett »Terrorist« bedeutet. »Eine Gruppe von Personen hat Flugzeuge in ihre Gewalt gebracht und als Lenkwaffen gegen Tausende von Menschen eingesetzt«, sagte der Nachrichtenchef von NBC, Bill Wheatley. »Wenn dies nicht die Definition von Terrorismus erfüllt, was dann?«

Nur allzu wahr. Gleichzeitig scheint es jedoch bemerkenswert, dass amerikanische Nachrichtenorgane ganz routinemäßig bestimmte Gruppen unter Heranziehung derselben Kriterien wie die Regierung als »terroristische« Vereinigungen bezeichnen. Die Redakteure gehen gemeinhin davon aus, dass ihre Reporter keine ausdrückliche Anweisung benötigen – man weiß einfach, welches der angemessene Wortgebrauch ist. Im völligen Gegensatz dazu hat die weltweit agierende Nachrichtenagentur Reuters seit Jahrzehnten auf einer sorgfältigen Abwägung der Ausdrücke bestanden, die ihre Mitarbeiter benutzen. »Im Zusammenhang mit unserer Politik, die Verwendung emotional besetzter Wörter zu vermeiden«, sagte ein Sprecher des Nachrichtendienstes, »benutzen wir Ausdrücke wie ›Terrorist‹ und ›Freiheitskämpfer‹ nicht, es sei denn, dass sie in einem Zitat vorkommen oder auf andere Weise einer dritten Seite zuzuschreiben sind. Wir charakterisieren die Leute, von denen in unseren Mitteilungen die Rede ist, nicht, sondern berichten über ihre Aktionen, ihre Identität und ihren Hintergrund, sodass die Leser auf der Grundlage dieser Tatsachen zu ihren eigenen Urteilen gelangen können.«

Reuters berichtet aus 160 Ländern. In einigen von ihnen ist die Etikettierung bestimmter Personen als »Terroristen« höchst umstritten. Hinter den Kulissen haben viele Regierungen versucht, Reuters durch Druck dazu zu bringen, ihrer Berichterstattung einen »Spin« zu geben, indem sie das Etikett »Terrorist« benutzen, um die Feinde der jeweiligen Regierenden zu bezeichnen. Vom Standpunkt der Regierungsoberhäupter in Ankara oder Jerusalem oder Moskau aus sollten die Nachrichtenorgane deren – zu Gewaltmitteln greifenden – Feinde als »Terroristen« bezeichnen. Vom Standpunkt der bedrängten Kurden oder Palästinenser oder Tschetschenen aus sollten die Nachrichtenorgane in gleicher Weise die – zu Gewaltmitteln greifenden – politischen Führer in Ankara oder Jerusalem oder Moskau als »Terroristen« bezeichnen.

Im Oktober 1998 ließ der Gelehrte und Aktivist Eqbal Ahmed Amerika einige Empfehlungen zukommen. Die erste: »Vermeidet es, in extremer Weise mit zweierlei Maß zu messen. [...] Billigt nicht auf der einen Seite den von den Israelis, den Pakistanis, den Nicaraguanern, den El Salvadorianern ausgeübten Terror, während ihr gleichzeitig auf der anderen Seite über den von Afghanen oder Palästinensern ausgeübten Terror klagt. Das funktioniert nicht. Versucht, unparteiisch zu sein. Eine Supermacht kann nicht den Terror in dem einen Land befürworten und mit Fug und Recht erwarten, dem Terror in einem anderen Land Einhalt zu gebieten. In dieser so klein gewordenen Welt wird das nicht funktionieren.«

Wenn amerikanische Reporter für ihre Arbeit die Definition von Terrorismus so erweiterten, dass jegliche Art von gewalttätigem Akt, der bei der Verfolgung politischer Ziele gegen Zivilisten verübt wird, einbezogen wäre, dann würden sie wütenden Widerstand von höchsten Stellen erhalten. Während der Achtzigerjahre wären bei einer solchen nicht-evasiven Ausdrucksweise auch die nicaraguanischen Kontras – wie auch die Mitglieder der Regierungen El Salvadors und Guatemalas – in den Nachrichtensendungen als von den USA unterstützte Terroristen bezeichnet worden.

In der Sprache der politischen Journalisten Amerikas darf zurzeit das Wort Terrorismus – wie es zum Beispiel zur Bezeichnung der Ermordung von Israelis benutzt wird – nicht gleichzeitig benutzt werden, um die Ermordung von Palästinensern zu bezeichnen. In einem Bericht vom Oktober 2002 wies aber die israelische Menschenrechtsvereinigung B´Tselem nach, dass es sich bei 80 Prozent der Palästinenser, die in jüngster Zeit von den israelischen Streitkräften nach Verhängung einer Ausgangssperre getötet worden waren, um Kinder handelte. Zwölf Opfer waren unter 16 Jahre alt. Dutzende Palästinenser in diesem Alter wurden überdies im Zeitraum von vier Monaten in besetzten Gebieten durch israelisches Gewehrfeuer verletzt. »Keiner von den Getöteten hat das Leben von Soldaten in Gefahr gebracht«, erklärte B´Tselem.

Der Professor für Politikwissenschaft George Monbiot war in einer Kolumne, die er im August 2002 für *The Guardian* schrieb, dabei behilflich, den Kontext für eine Beurteilung der moralisch- überlegenen Haltung, die das Weiße Haus gegenüber dem Irak einnimmt, zu liefern. Er schätzte in diesem Text ein, wie groß »die Aussicht auf einen Krieg« war, »den George Bush gegen eine andere Nation führt, weil diese Nation gegen das internationale Recht verstoßen hat«. Monbiot machte klar: »Seit Bushs Amtsantritt haben die USA mehr internationale Abkommen zerfetzt und mehr UN-Übereinkommen missachtet als der Rest der Welt in zwanzig Jahren. Sie haben das Übereinkommen über biologische Waffen torpediert, während sie unerlaubterweise mit eigenen Waffen dieser Art experimentiert haben. Sie haben sich geweigert, Inspekteuren für chemische Waffen uneingeschränkten Zugang zu ihren Laboratorien zu gewähren, sie haben Versuche zunichte gemacht, die Inspektion solcher Waffen im Irak in die Wege zu leiten. Sie haben den Vertrag zur Bekämpfung von Raketenabwehrsystemen in Stücke gerissen und scheinen bereit zu sein, das Abkommen über den Stopp von Atomwaffentests zu verletzen. Sie haben es Killerkommandos der CIA gestattet, verdeckte Operationen der Art wieder aufzunehmen, die in der Vergangenheit unter anderem in der Ermordung ausländischer Staatsoberhäupter resultiert haben. Sie haben den *small arms treaty* sabotiert, den Internationalen Gerichtshof unterminiert, sich geweigert, das Klimaabkommen zu unterzeichnen, und, im letzten Monat erst, versucht, das UN-Abkommen gegen Folter zu blockieren.«

Im Nahen Osten ist nie in flagranterer Weise mit zweierlei Maß gemessen worden, als die USA es bezüglich der »Massenvernichtungswaffen« tun. Washington und den größeren Nachrichtenmedien in den USA zufolge haben die amerikanischen Politiker in ihrer Konfrontation mit dem irakischen Diktator immer auf der höheren moralischen Warte gestanden.

Ein Teil der britischen Tageszeitungen ist da spürbar skeptischer. »Angesehene Wissenschaftler auf beiden Seiten des Atlantiks warnten gestern davor, dass die USA eine neue Generation von Waffen entwickelt, mit denen sie internationale Abkommen bezüglich biologischer und chemischer Kriegführung unterlaufen und möglicherweise verletzen«, berichtet der *Guardian*-Korrespondent Julian Borger am 29. Oktober 2002 aus Washington. Die Wissenschaftler wiesen auch »auf das Paradox hin, dass die USA solche Waffen entwickeln, wenn sie gleichzeitig eine militärische Aktion gegen den Irak aus dem Grund vorschlagen, dass Saddam Hussein internationale Abkommen verletzte. Malcolm Dando, Professor für Fragen der internationalen Sicherheit an der Universität Bradford, und Mark Wheelis, ein Mikrobiologe an der Universität von Kalifornien, äußern, dass die USA mit ihrer Erforschung von biologischen Streubomben, Milzbranderregern und nicht-tödlichen Waffen zum Einsatz gegen feindliche Menschenansammlungen und durch die Geheimhaltung, unter der diese Forschungsprogramme durchgeführt werden, einen Zusammenbruch der Waffen-kontrollen im Allgemeinen Vorschub leisten.« Professor Dando warnte, dass es die USA seien, die »wirklich Gefahr laufen, die Welt auf einen Pfad zu führen, der die Sicherheit aller Menschen in großem Umfang reduzieren wird«.

»Die Sicherheit aller Menschen« gewährleisten zu wollen ist als einer der Hauptgründe für einen Krieg gegen den Irak ins Feld geführt worden – und um diesem Argument seinen krönenden Abschluss zu verleihen, ist das Schreckgespenst eines Saddam Hussein, der im Besitz von Atomwaffen ist, an die Wand gemalt worden. Im August 2002 war Vizepräsident Dick Cheney so sehr daran gelegen, mit dieser Angst vor einem atomaren Angriff zu operieren, dass er behauptete, der Irak werde sich »recht bald« Nuklearwaffen zulegen, womit er CIA-Berichten widersprach, dass das Land frühestens in fünf Jahren dazu in der Lage sein werde.

Im Laufe eines im Sommer 2002 von William Rivers Pitt mit Scott Ritter über das Buch *Krieg gegen den Irak* geführten Interviews, sprach dieser, ein früherer UN-Waffeninspekteur, über das Atomwaffenprogramm des Irak: »Als ich den Irak 1998 verließ, als das UN-Inspektionsprogramm endete, waren die Infrastruktur und die Anlagen zu 100 Prozent beseitigt worden. Daran besteht kein Zweifel. Alle ihre Gerätschaften und Anlagen waren zerstört worden. Auch die Einrichtung zur Entwicklung von Waffen war zerstört worden. Die Anlagen zur Herstellung waren aufgespürt und zerstört worden. [...] Wir können mit Gewissheit sagen, dass die industrielle Infrastruktur, die der Irak benötigt, um Nuklearwaffen herzustellen, vernichtet worden ist.«

Als der Chefinspekteur der Vereinten Nationen, Hans Blix, am 18. November 2002 in Bagdad eintraf, gab er unter anderem auch seiner Hoffnung Ausdruck, dass der »Nahe Osten als Ganzes zu einer von Massenvernichtungswaffen freien Zone« werde. Das ist keine Vorstellung, der in den USA in der Berichterstattung der verschiedenen Medien viel Aufmerksamkeit geschenkt wird. Eine Durchsuchung aller größeren Tageszeitungen in den USA mit Hilfe der Nexis Database ergab, dass Blix´ Erklärung nur von der *Washington Post* zitiert und von dem *Atlanta Journal-Constitution* in paraphrasierter Form wiedergegeben worden war. Wie jedoch der *Scotsman* am selben Tag berichtete, bezog Blix sich auf »die ursprünglichen Maßnahmen des Sicherheitsrats im Anschluss an den Golfkrieg von 1991, die in der Theorie die Schaffung einer atomwaffenfreien Zone vorsahen, die den benachbarten Iran und vor allem Israel einbeziehen sollte.«

Richard Butler – einer von Blix´ Vorgängern als Chefwaffeninspekteur der UN – hatte sich den Ruf verschafft, einer Meinung mit den USA zu sein, doch nachdem er in seine Heimat Australien zurückgekehrt war, gab er einige kritische Statements zu der Einstellung der Supermacht gegenüber Nuklearwaffen ab: »Meine Versuche, die Amerikaner dazu zu bringen, über das zweierlei Maß zu diskutieren, das sie anlegen, haben sogar bei höchst gebildeten und engagierten Leuten zu einem niederschmetternden Fehlschlag geführt.« Deren mangelnde Einsichtsbereitschaft hat mit den Atomwaffenarsenalen der USA und ihrer Alliierten zu tun – einschließlich Israels. Als er im Frühherbst 2002 an der Universität Sydney die Templeton-Vorlesung hielt, erinnerte Butler sich: »Zu meinen schwierigsten Momenten in Bagdad gehörte der, als die Iraker mich aufforderten, ihnen zu erklären, warum sie wegen ihrer Massenvernichtungswaffen verfolgt wurden, während, quasi an der nächsten Straßenecke, Israel verschont blieb, obwohl bekannt war, dass es an die 200 Nuklearwaffen besaß.«

Einen großen Teil ihrer Kenntnisse über die Nuklearwaffen Israels verdankt die Öffentlichkeit den couragierten Bemühungen eines früheren israelischen Atomtechnikers namens Mordechai Vanunu. Als Butler seine Vorlesung an der Universität Sydney hielt, vollendete Mordechai Vanunu, der Mann, der sein Land »verpfiffen« hatte, gerade das sechzehnte Jahr hinter Gittern. (Viele dieser

Jahre hatte er in Einzelhaft gesessen.) Vanunu ist in den amerikanischen Medien eine Unperson gewesen, und zwar aus Gründen, die genau mit jenem »zweierlei Maß« zu tun haben, auf das Butler hinwies.

Am 30. September 1986 ließ die israelische Regierung Vanunu in Rom kidnappen und auf einen Frachter bringen. Daheim in Israel wurde ihm ein Geheimprozess gemacht; er wurde der Spionage und des Landesverrats angeklagt. Ein Militärgericht verurteilte ihn zu achtzehn Jahren Gefängnis. Vanunu hatte Journalisten der Londoner *Sunday Times* detaillierte Informationen über Israels Arsenal an Nuklearwaffen zukommen lassen.

Vanunu, der in einer jüdischen Familie aufgewachsen war, erhielt 1976 eine Anstellung bei der Atomanlage Dimona in einem abgelegenen Teil Südisraels. Fast ein Jahrzehnt später, kurz bevor seine Stelle auslief, machte er im Inneren der Anlage, das nie einer internationalen Inspektion zugänglich gewesen war, Fotos. Er verwendete das Geld, das er als Abfindung erhalten hatte, 1986 für Reisen ins Ausland und kontaktierte auf einer davon die berühmte investigative Abteilung »Insight« der *Sunday Times*. »Während der intensiven Befragung durch unser Insight-Team«, berichtete die Zeitung, »bot er an, uns seine Fotos und seine Informationen kostenlos zu überlassen, vorausgesetzt, dass wir seinen Namen nicht preisgaben; er betonte immer wieder, dass sein einziges Interesse darin bestehe, die Verbreitung von Nuklearwaffen im Nahen Osten zu stoppen.«

Die *Sunday Times* überredete Vanunu, ihr doch die Nennung seines Namens zu gestatten. Sie erklärte sich bereit, ihm für eine Artikelserie oder ein Buch, das auf seinen Informationen basierte, ein Honorar zu zahlen, doch es schien wirklich nicht das Geld zu sein, das ihn motivierte. »Ich hatte von diesem Mann den Eindruck, dass er jemand war, der das aufrichtige Verlangen verspürte, der Welt mitzuteilen, was in Israel vor sich ging und das zu betreiben seiner Meinung nach eine genuin unrechte Handlung seines Landes war«, sagte Peter Hounam, der Reporter der *Sunday Times*, der hauptsächlich mit dieser Story befasst war. »Er hatte das Gefühl, dass es nicht richtig sei, wenn die israelische Öffentlichkeit und das israelische Parlament keine Informationen darüber erhielten, was in Dimona vor sich ging.«

Am 5. Oktober 1986 brachte die *Sunday Times* den Bericht auf der Aufmacherseite unter der Schlagzeile: »Aufgedeckt: Israels geheimes Nukleararsenal«. Da war Vanunu schon Gefangener der israelischen Regierung.

Wenn man Mordechai Vanunus Namen einem Amerikaner gegenüber erwähnt, dann erntet man wahrscheinlich nur einen verständnislosen Blick. Auf der westlichen Seite des Atlantiks ist er ein Phantom – er ist von den Medien dazu gemacht worden. Man stelle sich aber einmal vor, was passieren würde, wenn ein anderer Staat im Nahen Osten – der Irak beispielsweise – einen seinen Bürger entführte, um ihn dafür zu bestrafen, dass er etwas über das Atomprogramm des Landes ausgeplaudert hat. Diese Person würde in den Vereinigten Staaten umgehend zu einem Medienstar werden.

Reese Erlich:

Abgereichertes Uran: Amerikas schmutziges Geheimnis

Während des Golfkriegs richteten amerikanische Panzerdivisionen gewaltige Verwüstungen unter den aus Kampfpanzern und anderen Panzerfahrzeugen bestehenden irakischen Einheiten an. Die Iraker hatten in den Gefechten kaum eine Chance, weil die Tanks der Amerikaner mit einem Metall geschützt waren, das man abgereichertes Uran (depleted uranium, DU) nennt. Diese DU-Panzerung und DU-Munition verschafften den Amerikanern einen deutlichen Vorteil. Die amerikanischen Panzer feuerten DU-Granaten ab, und die Gattling-Bordkanonen der Hubschrauber ließen einen tödlichen Regen von 30-mm-DU-Geschossen niedergehen, der sehr gut noch Jahre nach der Beendigung der Kämpfe amerikanischen Kriegsteilnehmern und irakischen Zivilisten das Leben kosten kann.

Abgereichertes Uran ist das Material, das bei der Aufbereitung von Nuklearbrennstoff übrig bleibt. Die US-Streitkräfte benutzen es anstelle von Blei als Kern von Spezialmunition. Es hat eine 1,7 mal so hohe Dichtigkeit wie Blei, DU-Munition durchschlägt daher im Vergleich zu herkömmlicher Munition mit relativer Leichtigkeit die Panzerung gegnerischer Fahrzeuge und Befestigungen. Eine Schicht von demselben Material wird den Stahlpanzern von Fahrzeugen hinzugefügt, um zu verhindern, dass feindliche Granaten sie durchschlagen.

Wenn DU-Munition auf ein hartes Ziel auftrifft, entsteht durch den Aufprall enorme Hitze und das pulverisierte DU verteilt sich in der Luft. Soldaten, die sich in der Nähe befinden, inhalieren es. Der Wind kann es kilometerweit von der Stelle forttragen, wo die Granate eingeschlagen ist. Es ist also möglich, dass auch Zivilisten es einatmen. DU bleibt 4,5 Milliarden Jahre lang radioaktiv. Es kann den Erdboden verseuchen und ins Grundwasser eindringen. Kritiker sind besorgt darüber, dass DU sich auf lange Sicht sowohl im Irak wie auch in Ex-Jugoslawien, wo es von den Amerikanern ebenfalls verwendet wurde, so schädigend auf die Umwelt auswirken könnte, dass große Gebiete unbewohnbar werden. Ärzte in beiden Regionen berichten von einem starken Anstieg an Krebserkrankungen, und im Irak hat es auch eine starke Zunahme von Missbildungen bei Neugeborenen gegeben. Bei Veteranen des Golfkriegs sind ähnliche Symptome zu beobachten: Sie erkranken zunehmend an Krebs oder zeugen Kinder, die Geburtsfehler aufweisen.

Bei einer Invasion des Irak durch amerikanische und britische Truppen wird mit größter Wahrscheinlichkeit wieder ausgiebig von DU Gebrauch gemacht werden. Zu den vielen Opfern innerhalb der Zivilbevölkerung, die auf direkte Treffer zurückzuführen sind, werden später noch weitere kommen, denn die radioaktive Munition kann noch lange nach dem Ende des Konflikts große Leiden verursachen und zum Tod führen.

Basra, Irak

Irgendetwas ist im südlichen Irak ganz gewaltig nicht in Ordnung. In Basras Kinder- und Säuglingskrankenhaus zeigen die Ärzte ein dickes Album mit den Fotos von Hunderten von Kindern, die mit fürchterlichen Geburtsfehlern auf die Welt gekommen sind. Eine von irakischen Medizinern durchgeführte Studie hat ergeben, dass 0,776 Prozent aller 1998 geborenen Kinder in dem Gebiet von Basra mit solchen Defekten auf die Welt kamen, während es 1990, also vor dem Golfkrieg, nur 0,304 Prozent waren. Eine andere Studie zeigte, dass von 1990 bis 2000 die Erkrankungen von Kindern an Krebs und anderen bösartigen Tumoren um 384,2 Prozent zugenommen hatten.

Dr. Jinan Hassan, einem Kinderarzt und Assistenzprofessor an Basras Medizinischer Fakultät, zufolge, haben »irakische Frauen aus dem Süden des Landes Angst vor einer Schwangerschaft, weil sie fürchten, dass ihre Kinder Missbildungen aufweisen könnten. [...] Früher pflegten die Frauen nach der Geburt zu fragen, ob es ein Junge oder ein Mädchen sei. Jetzt fragen sie: ›Ist es normal oder nicht?‹«

Irakische Ärzte und in zunehmendem Maß auch Wissenschaftler aus dem Westen führen diesen Anstieg von bestimmten Erkrankungen und Missbildungen auf die Verwendung von abgereichertem Uran durch die Amerikaner und Briten zurück. Die irakischen Mediziner teilten mit, dass sie eine starke Zunahme von Krebserkrankungen vor allem in jenen Teilen Basras festgestellt haben, wo DU-Munition zum Einsatz kam. Das Pentagon bestätigt, dass während des Golfkriegs 320 Tonnen DU-Munition verschossen wurden.

Amerikanische und britische Kriegsveteranen haben DU ebenfalls im Verdacht, bestimmte »Golfkrieg«-Krankheiten zu verursachen. Dr. Doug Rokke, heute Major der Army Reserves, war dafür verantwortlich, vierundzwanzig amerikanische Tanks wegzuräumen, die versehentlich aus den eigenen Reihen mit DU-Munition beschossen und zerstört worden waren. Er und seine Männer arbeiteten drei Monate daran, die Fahrzeuge zu verstauen, sodass sie nach Amerika verfrachtet und dort einem besonderen Dekontaminationsverfahren unterzogen werden konnten.

Sie waren bei dieser Arbeit der Kontamination durch das abgereicherte Uran derart intensiv ausgesetzt, dass sie, wie Rokke mir erzählte, »alle innerhalb von zweiundsiebzig Stunden krank wurden«. Drei Jahre später habe eine Urinuntersuchung gezeigt, dass er das 5000fache der erlaubten Uranmenge im Körper gespeichert hatte. Bei einer Reihe von Veteranen des Golfkriegs, die in von abgereichertem Uran verseuchten Zonen tätig gewesen waren, hat man dieselbe Art von Krebs diagnostiziert, die man auch bei Zivilisten in der Region von Basra gefunden hat, und diese Männer zeugten ebenfalls Kinder, die von Geburt an körperliche Defekte aufwiesen.

Rokke, ein promovierter Physiker und der ehemalige Leiter des DU-Projekts der Army, hat die internen Dokumente des amerikanischen Militärs studiert und sich damit befasst, wie man von diesem Material kontaminierte Gebiete wieder säubern könnte. Auf der Basis seiner Kenntnisse sagt er heute: »Die militärischen Führer der USA wussten, dass der Einsatz von DU Probleme für die Gesundheit der Menschen und Umweltschäden verursachen würde.«

Das Pentagon behauptet jedoch, DU-Munition stelle keine Gefahr für die Zivilbevölkerung dar. In Informationsbroschüren des Verteidigungsministeriums heißt es, abgereichertes Uran sei weniger radioaktiv als solches, das von Natur aus in der Umwelt vorkomme, und sogar Bergleute, die Uran abbauten und regelmäßig der Strahlung von natürlichem Uran ausgesetzt seien, würden dadurch keine gesundheitlichen Schäden davontragen.

Das Verteidigungsministerium räumt ein, dass kleine Mengen von abgereichertem Uran vom Körper aufgenommen werden, wenn man sie einatmet oder schluckt. Man erwarte aber keine »radiologischen Auswirkungen auf die Gesundheit, weil die Radioaktivität von Uran und abgereichertem Uran so gering ist«. (www.gulflink.osd.mil)

Die Entwicklungen im Irak und in Ex-Jugoslawien lassen befürchten, dass das Pentagon sich in dieser Hinsicht fürchterlich irren könnte. Die österreichische Onkologin Dr. Eva-Maria Hobiger hat die Verbindung zwischen abgereichertem Uran, Krebs und Geburtsfehlern untersucht. Sie wird jedoch keine Schlussfolgerungen vornehmen, bevor in Basra eine umfassende epidemiologische Studie durchgeführt werden kann. Die Ergebnisse, die die irakischen Studien zum Anstieg der Krebserkrankungen und der zunehmenden Häufigkeit von Geburtsfehlern erbracht haben, können von Wissenschaftlern aus anderen Ländern nicht verifiziert werden.

Dr. Hobiger teilt jedoch mit, dass DU, wenn es in bestimmten sensitiven Teilen des Körpers, wie Lymphknoten oder Knochen, gespeichert wird, eine zwar niedrige, aber stetige Emission von Strahlen verursacht. Über einen längeren Zeitraum hinweg könnte das ihrer Meinung nach Krebs auslösen.

Dr. Hobiger und viele andere halten fest, dass der Südirak schon seit Jahren ein von einer Umweltkatastrophe heimgesuchtes Gebiet ist. Während des Iranisch-Irakischen Kriegs waren einige der dort lebenden Menschen Giftgasangriffen ausgesetzt. Nach dem Golfkrieg setzten irakische Truppen Ölquellen in Brand, wodurch die ganze Region monatelang verseucht wurde. Es gibt dort außerdem das Problem einer starken Luftverschmutzung, an der vor allem Industrieanlagen und Ziegelbrennereien schuld sind. Einige Wissenschaftler vertreten die Ansicht, dass diese anderen Faktoren für die Gesundheitsschäden, die in Basra auftreten, verantwortlich sind.

Dr. Hobiger ist jedoch der Auffassung, dass diese anderen Faktoren, wenn sie auch gefährlich sind, nicht alle in der Region auftretenden Probleme zu erklären vermögen. Es ist beispielsweise nicht bekannt, dass Luftverschmutzung Geburtsfehler verursacht. Während einige Giftgase bei Eltern, die dieses Gas eingeatmet haben, Defekte verursachen können, ist nicht bekannt, dass sie lange nachdem eine Person ihnen ausgesetzt war, noch für Gesundheitsschäden verantwortlich sind.

Dr. Hobiger stellt die Theorie auf, dass DU in Verbindung mit der Luftverschmutzung die vielen Krebserkrankungen verursachen kann. Die chemische Toxizität von DU könnte auch eine Rolle spielen. Als Schwermetall kann das DU ins Grundwasser und ins Erdreich eindringen. Wenn es einmal in die Nahrungskette gelangt ist, kann es Nierenkrebs verursachen und eine Menge anderer Krankheiten.

Bis vor kurzem jedoch haben Wissenschaftler nicht gewusst, ob DU tatsächlich im Körper von Menschen vorkommt, die im Irak und in den Balkanländern leben. Der Grund dafür war, dass die Wissenschaftler eine sehr komplizierte Urinuntersuchung bei jedem Patienten vornehmen müssten, um das DU aufzuspüren. Im Irak verfügte man aber nicht über die dazu nötigen Mittel.

Das Pentagon und die Militärbehörden mehrerer anderer NATO-Staaten haben solche Untersuchungen bei ihren Soldaten durchgeführt, die in den Balkankriegen im Einsatz gewesen waren, und ihren Berichten zufolge haben sich keine Spuren von DU nachweisen lassen.

Im Jahr 2001 beauftragte jedoch das schottische BBC-TV Professor Nick Priest, sich mit dem Thema zu befassen. Er ist Professor an der Abteilung für Biologie und Umweltwissenschaft der School of Health der Middlesex-Universität und anerkannter Experte für durch Strahlungen verursachte Krankheiten. Er untersuchte Urinproben von zwölf Personen aus Bosnien und dem Kosovo, die in Gebieten gelebt hatten, wo DU-Munition verwendet worden war.

Einige von ihnen litten an Krebs, und darunter war auch ein Kind, das nach dem Ende des Kriegs in Bosnien geboren worden war. Bei allen waren Spuren von DU im Körper nachzuweisen. Dieses Ergebnis »deutet wahrscheinlich darauf hin, dass das Metall [abgereichertes Uran] jetzt in der Nahrungskette und / oder im Trinkwasser vorhanden ist«, meinte Professor Priest in einem Bericht, den er in einer wissenschaftlichen Zeitschrift veröffentlichte. In einem Interview, das er in London gab, teilte Priest mit, je älter die betroffenen Personen wären, desto mehr DU hätten sie in ihren Körpern, was anzeige, dass die Kontamination durch DU-Partikel, die in der Umwelt vorhanden sind und im Laufe der Zeit allmählich absorbiert werden, zustande kommt.

Im Oktober 2002 führten Professor Priest und Wissenschaftler aus Deutschland eine neue Studie mit einer größeren Anzahl von Testpersonen aus Serbien und Bosnien durch, um festzustellen, ob sich die Ergebnisse der ersten Untersuchung bestätigten. Die Resultate werden wohl im Lauf des Jahres 2003 bekannt gegeben.

Professor Priest glaubt nicht, dass die Strahlung, die von abgereichertem Uran ausgeht, so hoch ist, dass sie eine ernsthafte gesundheitliche Gefahr für die Zivilbevölkerung darstellt. Die Menge an DU, die er bei den Testpersonen entdeckte – sogar bei den an Krebs Erkrankten –, war geringer als die Quantität, von der man annehmen könnte, dass sie solche gesundheitlichen Probleme verursacht. Er stellte auch fest, dass von abgereichertem Uran eine geringere Strahlung ausgeht als von natürlichem.

Die Kontroverse geht weiter, weil niemand die jähe und gewaltige Zunahme von Geburtsfehlern bei irakischen Kindern und von Krebserkrankungen bei Einwohnern der Region Basra seit dem Golfkrieg zu erklären vermag. Es ist äußerst schwierig, die Erkrankung eines bestimmten einzelnen Menschen mit einem spezifischen Umweltfaktor in Verbindung zu bringen. Wissenschaftler müssen eine Studie durchführen, um die verschiedenen Typen von Erkrankungen mit den geografischen Regionen in Beziehung zu bringen, wo sie auftreten. Erst wenn sie genügend Ergebnisse zusammengetragen haben, können sie entscheiden, ob ein bestimmtes Gesundheitsproblem darauf zurückzuführen ist, dass der Betreffende DU-Strahlen ausgesetzt war, ob andere Umweltfaktoren eine Rolle spielen oder aber die Ursachen in der Familiengeschichte des Kranken oder in ganz anderen Faktoren zu suchen sind.

Die Weltgesundheitsorganisation hat einmal die Durchführung einer solchen Untersuchung im Irak geplant, konnte aber nicht die nötigen finanziellen Mittel dafür auftreiben. Frau Dr. Hobiger zufolge waren es die Amerikaner und die Briten, die das Projekt vereitelten.

Die Mediziner werden auch durch Berichte über gesundheitliche Probleme in Bosnien beunruhigt, die denen ähneln, die in

Basra auftreten. Informationen des Verteidigungsministeriums zufolge wurden von US-Flugzeugen während des Bosnien-Kriegs von 1994/95 3,3 Tonnen DU-Geschosse abgefeuert und 10,2 Tonnen während des Kosovo-Kriegs im Jahr 1999.

In Interviews mit Ärzten aus Serbien und Bosnien, die Patienten aus Gebieten untersucht hatten, wo große Mengen von DU-Munition zum Einsatz gekommen waren, wurde deutlich, dass auch dort die Krebserkrankungen stark zugenommen hatten, obwohl, bis heute jedenfalls, keine Zunahme von Geburtsfehlern zu verzeichnen ist.

Dr. Nada Cicmil-Saric ist Onkologin und hat Familien aus der bosnischen Stadt Foca-Srbinje behandelt. Die Brücke der Stadt wurde bei amerikanischen Angriffen im Jahr 1994 zerstört. Die Ärztin stieß auf zahlreiche Fälle, in denen zwei oder mehr Familienmitglieder, die in der Nähe der Brücke gelebt hatten, an bösartigen Geschwulsten litten. Während diese Tumore in einigen Fällen auf genetische Faktoren zurückgeführt werden können, haben in anderen Fällen sowohl Ehemann wie Ehefrau solche Geschwulste entwickelt, was Dr. Cicmil-Saric zufolge ein äußerst ungewöhnliches Vorkommnis ist.

In ihrem Krankenhaus, wo viele Leute, die DU ausgesetzt waren, behandelt werden, haben seit 1994 Lungenkrebserkrankungen um ein Fünffaches zugenommen und Lymphdrüsenkrebserkrankungen um ein Dreifaches – beides könnte durch DU ausgelöst worden sein. Die Ärztin hat aber auch eine fünf- bis sechsfache Zunahme von Brustkrebserkrankungen festgestellt, einer Krebsart, die gemeinhin nicht mit DU in Zusammenhang gebracht wird, was die Möglichkeit offen lässt, dass andere Faktoren am Werk sind.

Im Bosnien-Krieg wie auch bei der Bombardierung Serbiens durch NATO-Flugzeuge während des Kosovo-Kriegs haben die Amerikaner Fabriken und Kraftwerke zerstört, wodurch karzinogener Rauch frei wurde. Es ist daher – wie im Irak – nach Meinung der Mediziner schwer, die Einwirkung von DU von der anderer

Krebs erregender Stoffe zu isolieren, ohne eine eingehende epidemiologische Studie durchzuführen.

In den jugoslawischen Teilrepubliken Montenegro und Serbien wartet man nicht erst auf eine abschließende Einschätzung der von DU ausgehenden Gefahren durch die Wissenschaftler: Man hat dort schon damit begonnen, durch DU kontaminiertes Gelände zu säubern.

Kap Arza ist ein Fleck von spektakulärer Schönheit südlich von Dubrovnik an der montenegrinischen Adriaküste. Einem lokalen Mythos zufolge schaffte Gott einen Schatz vom Nahen Osten nach Europa und ließ einiges davon auf diese Stelle der Küste fallen. Im Sommer schwimmen die Einheimischen im azurblauen Meer und gehen dort auf Fischfang.

Am 29. und 30. Mai 1999 – den letzten Tagen des Kosovo-Kriegs – feuerten zwei amerikanische Flugzeuge vom Typ A-10 Thunderbolt (Warthog) DU-Munition auf Kap Arza ab. Die jugoslawische Armee hatte dort 1968 Bunker angelegt, die während des Kriegs mit Kroatien in den frühen Neunzigerjahren benutzt worden waren. 1999 gab es dort aber keine Soldaten oder Waffen, wie Tomislav Andelic zu berichten weiß, ein Physiker, der am Zentrum für Toxikologische Forschungen von Montenegro tätig ist. »Die Amerikaner haben einfach einen Fehler gemacht«, sagte Andelic, »ihre Aufklärung hatte schlecht gearbeitet.«

Die beiden amerikanischen Flugzeuge schossen an die dreihundert 30-mm-DU-Patronen ab, die weit verstreut auf einer 20 000 Quadratmeter großen Fläche menschenleeren Geländes einschlugen. Im Lauf der letzten drei Jahre haben diese Patronen angefangen zu oxidieren und zu zerfallen. Die montenegrinischen Behörden sorgen sich, dass der DU-Staub vom Wind woanders hingetragen werden oder in den Erdboden eindringen könnte. Camper, die ein Zelt aufschlagen, oder Kinder, die dort spielen und eine Patrone finden, könnten kontaminiert werden. Außerdem wird die Existenz eines kontaminierten Geländes direkt bei Kap Arza jede Chance zunichte machen, dass die Touristen an diesen wunderschönen Küstenstrich zurückkehren.

Die jugoslawische Armee hat das Gebiet abgeriegelt. Die Regierung von Montenegro hat 300 000 Dollar aufgebracht und die jugoslawische Bundesregierung weitere 100 000 Dollar, damit man die betroffene Zone säubern konnte. Soldaten, die lange Holzpflöcke in den Händen hielten, an denen Gamma-Monitore befestigt waren, haben sorgsam jeden Quadratzentimeter Boden nach DU-Munition abgesucht. Sie haben die Geschosse sorgsam per Hand aus der Erde gezogen, wie Archäologen, die eine Ausgrabung vornehmen. Die kontaminierten Patronen und das radioaktive Erdreich wurden nach Belgrad transportiert, damit sie zusammen mit anderem schwach radioaktiven Müll gelagert werden können.

Die jugoslawische Bundesregierung plant, fünf ähnlich belastete Flächen in Serbien auf genau dieselbe Art zu säubern. Doch weder Serbien noch Montenegro ist es gelungen, eine ausländische Regierung, internationale Einrichtung oder NGO zu finden, die bereit ist, diese Aktionen mitzufinanzieren.

»Wenn irgendein Land die Notwendigkeit anerkennen würde, abgereichertes Uran wegzuräumen«, meinte Andelic, »dann würde es damit automatisch auch anerkennen, dass von DU Gefahr ausgeht. In diesem Fall könnten wir aber Schadensersatzansprüche geltend machen, und darauf will sich keiner einlassen.«

Wenn sich auch nur einige der Behauptungen von Ärzten aus dem Irak und aus den Balkanstaaten als zutreffend erwiesen, dann gerieten die USA und Großbritannien unter einen gewaltigen Druck, mit der Verwendung von DU-Munition aufzuhören, und könnten potenziell gezwungen werden, an die Opfer Milliarden Dollar an Wiedergutmachung zu zahlen.

Irgendwie lässt sich das nicht mit den Plänen der USA vereinbaren, die einzige Supermacht der Welt zu bleiben.

Um zum Schluss zu kommen: Es lohnt sich, der Tatsache eingedenk zu sein, dass sowohl die amerikanische wie die britische Armee umfassende Sicherheitsvorkehrungen getroffen haben, als sie in ihren eigenen Ländern zu Testzwecken DU-Munition abgefeuert haben. Die Soldaten sind in Schutzanzüge gehüllt und tragen Atemgeräte, wenn sie Panzermunition dieses Typs abfeuern. Die Testgelände werden abgeriegelt und nach Abschluss der Tests werden die Trümmer der zerstörten Panzerung und die Granatenhülsen isoliert.

Norman Solomon:

Eine Tarnkappe
für den Unilateralismus

Als der UN-Sicherheitsrat am 8. November 2002 die Irak-Resolution annahm, begrüßten amerikanische Politiker und Journalisten das einstimmige Abstimmungsergebnis überschwänglich als ungeheuren Sieg für die internationale Zusammenarbeit und als einen Durchbruch, der unilaterale Aktionen verhindern würde. Zahlreiche Abgeordnete in Washington ergingen sich in optimistischen Kommentaren. Das taten auch viele Experten, die Bushs Team zu seiner diplomatischen Glanzleistung gratulierten.

Thomas Friedman, der Starkolumnist der *New York Times*, äußerte sich geradezu ekstatisch. »Einen kurzen, strahlenden Augenblick lang«, so verkündete er in seiner Kolumne vom 13. November, »sah die Welt nicht mehr so verrückt aus wie sonst.« In den Augen Friedmans und unzähliger anderer, die Washingtons jüngste landläufige Weisheit verbreiteten, hatten die Vereinten Nationen ihren Nutzen unter Beweis gestellt, indem sie ihren Wert für das Weiße Haus bewiesen hatten. »In einer Welt, die von einer einzigen Supermacht beherrscht wird, wird der Sicherheitsrat der Vereinten Nationen noch wichtiger und nicht unwichtiger«, schrieb Friedman. Und das hatte seine Vorteile: »Bushs Team entdeckte, dass es seine überwältigende Übermacht bei einer Kriegsoption dadurch am besten legitimieren konnte, indem es sie nicht einfach aufnötigte, sondern indem es sie in die UN-Prozeduren einbettete.«

Wenn die USA aber die UN nur als Vehikel zur Durchsetzung eigener Machtinteressen benutzen, dann regiert weiterhin der Unilateralismus. Ihre ungeheure geopolitische, ökonomische und militärische Stärke ermöglicht es den Vereinigten Staaten, Abstimmungen im Sicherheitsrat zu gewinnen, internationale Einwilligung und sogar einige Kampfgefährten zu erlangen. Die Geschichte ist nicht neu: Vor Jahrzehnten behauptete die US-Regierung, der Vietnam-Krieg sei ein »alliiertes« Unternehmen, weil auch philippinische, australische und südkoreanische Truppen daran beteiligt waren.

Kaum war der Sicherheitsrat in die Planungen der amerikanischen Kriegsstrategen einbezogen, da lieferte er auch schon über aus wichtige Feigenblätter. Oder wie Friedman es ausdrückte: »Karl Rove [Bushs Chefberater] und Tony Blair mussten zur Kenntnis nehmen, dass die amerikanische bzw. britische Öffentlichkeit einen Irak-Krieg zwar für eine mögliche Option halten, doch auch wenn sie diese Option durchaus als legitim ansahen, wollten sie ihn doch nicht ohne die Rückendeckung der UN und die Unterstützung von deren wichtigsten Mitgliedsstaaten führen.«

Um von den Vereinten Nationen das Einwilligungssiegel eines »guten Kriegs« zu bekommen, verteilte die Bush-Regierung größere Zuwendungen und ließ zugleich ihre Muskeln spielen. »Eine große Rolle kamen dabei diskreten Vereinbarungen mit Frankreich und Russland über Ölgeschäfte im Nachkriegsirak zu«, schrieb die UN-Expertin Phyllis Bennis nach der Abstimmung im Sicherheitsrat in *The Nation*. »An dem armen Mauritius wurde das jüngste Exempel statuiert, wie die USA Druck auf die Vereinten Nationen ausüben. Der Botschafter Jagdish Koonjul wurde von seiner Regierung abberufen, weil er den ursprünglichen US-Resolutionsentwurf zum Irak nicht unterstützt hatte. Weshalb? Weil Mauritius beträchtliche amerikanische Hilfszahlungen erhält und weil das Gesetz zur Förderung von Wachstum und Entwicklung in Afrika festlegt, dass ein Empfänger amerikanischer Hilfszahlungen sich nicht an Aktivitäten beteiligen darf, die die nationale Sicherheit der USA gefährden oder ihren außenpolitischen Interessen zuwiderlaufen.«

Die Mauritius-Episode ist vor einem globaleren Hintergrund zu sehen. Die Abstimmung im Sicherheitsrat »war eine Demonstration von Washingtons Fähigkeit, seine weit reichende politische und ökonomische Macht auszuüben«, berichtete Inter Press Service. Die dort vertretenen Nationen »stimmten unter massivem diplomatischen und ökonomischen Druck seitens der Vereinigten Staaten ab«. Die meisten Länder waren Empfänger von finanzieller Unterstützung aus Washington und »sich offenbar genau der Tatsache bewusst, dass die Vereinigten Staaten 1990 [während der Vorbereitungen zum Golfkrieg] dem Jemen quasi über Nacht 70 Millionen Dollar Hilfszahlungen gestrichen hatten, weil dieser bei einer von den USA eingebrachten Resolution im Sicherheitsrat über die militärische Vertreibung des Irak aus Kuwait mit Nein gestimmt hatte.«

Der Autor John Pilger erinnerte in der Zeitschrift *New Statesman* an die schmutzigen Einzelheiten dieses Paradebeispiels für die prompte Revanche der Supermacht während der Golfkriegsvorbereitungen. »Schon wenige Minuten nachdem der Jemen gegen die Resolution eines Angriffs auf den Irak gestimmt hatte, sagte ein ranghoher amerikanischer Diplomat zum jemenitischen Botschafter: ›Das war die teuerste Nein-Stimme, die Sie je abgegeben haben.‹ Binnen drei Tagen wurden amerikanische Hilfszahlungen in Höhe von 70 Millionen Dollar an eines der ärmsten Länder der Welt gestoppt. Plötzlich hatte der Jemen Probleme mit der Weltbank und dem IWF und 800 000 jemenitische Arbeiter wurden aus Saudi-Arabien ausgewiesen. [...] Als die USA mit einer weiteren Resolution eine Blockade des Irak herbeizuführen versuchten, wurden zwei neue Mitglieder des Sicherheitsrats scharf zur Raison gebracht. Der US-Botschafter in Quito warnte Ecuador vor den ›verheerenden wirtschaftlichen Folgen‹ einer Gegenstimme. Simbabwe drohte man mit neuen Konditionen des IWF für seinen Schuldendienst.«

Auch im Herbst 2002 spielte die Parallelrealität von Washingtons Dominanz eine große Rolle und verstärkte noch die Wirkungen seiner Politik mit Zuckerbrot und Peitsche. Die USA behielten sich ganz unverblümt das Recht vor zu handeln, wie ihnen beliebte. Vor diesem Hintergrund war es wenig wahrscheinlich, dass die Kompromisse, die in die Resolution 1441 einflossen, damit sie nicht nach einem reinen amerikanischen Machtinstrument aussah, langfristig von Bedeutung sein würden. Der endgültige Text der Resolution war ohnehin voller Widersprüche und Täuschungsmanöver. »In vielen Absätzen dieser neuen Resolution wird mit zweierlei Maß gemessen«, sagte Denis Halliday, ehemaliger Stellvertretender Generalsekretär der Vereinten Nationen, der das UN-Programm Öl für Lebensmittel im Irak koordiniert hatte. »Vieles in dieser Resolution sollte für alle Staaten in der Region gelten, die Entschlüsse des Sicherheitsrats missachten und Massenvernichtungswaffen besitzen.« (Siehe Anhang III)

48 Stunden nachdem die Resolution des Sicherheitsrats mit fünfzehn zu null Stimmen angenommen worden war, sagte Andrew Card, der Stabschef des Weißen Hauses, auf NBC: »Die Vereinten Nationen können zusammenkommen und diskutieren« bevor ein militärischer Angriff startet, »aber wir brauchen ihre Erlaubnis nicht«. »Die USA und ihre Alliierten sind zum Handeln bereit«, erklärte Card und fasste deren Grundposition folgendermaßen zusammen: »Wenn wir in den Krieg ziehen müssen, dann werden wir das tun.« Zur gleichen Zeit verkündete der Außenminister auf CNN die gleiche Botschaft: »Wenn er [Saddam Hussein] sich dieses Mal nicht kooperativ zeigt, dann werden wir die UN bitten, alle erforderlichen Mittel zu erlauben, und wenn die UN nicht dazu bereit sind, dann werden die Vereinigten Staaten zusammen mit gleich gesinnten Nationen selbst einmarschieren und ihn entwaffnen.«

Neun Tage später sprach Richard Perle, der Vorsitzende des Verteidigungsausschusses des Pentagon, vor einigen Parlamentariern in Großbritannien und räumte mit der vorgeschobenen Behauptung auf, ein Krieg hänge von den Ergebnissen der UN-Waffeninspekteure ab. »George Bushs Top-Sicherheitsberater räumte gestern Abend ein, dass die USA den Irak auch dann angreifen würden, wenn die UN-Inspekteure keine Waffen fänden«, berichtete der *Mirror* am 20. November. Vor den verblüfften Abgeordneten bestand Perle darauf, ›auch ein Persilschein‹ von Hans Blix, dem UN-Chefwaffeninspekteur, würde Amerikas Kriegsmaschinerie nicht aufhalten. Schon ein einziger Zeuge für Saddam Husseins Waffenprogramme würde genügen, um eine neue militärische Auseinandersetzung auszulösen, sagte er [Perle] bei einer parteiübergreifenden Zusammenkunft über globale Sicherheit.«

Perles Argument zielte darauf ab, dass die UN-Inspekteure eine negative Aussage nicht beweisen konnten. »Ihm [Blix] stehen nur die Ergebnisse seiner eigenen Nachforschungen zu Gebote. Und die führen nicht zu dem Nachweis, dass Saddam keine Massenvernichtungswaffen besitzt.« Perle definierte eine bemerkenswert niedrige Schwelle für die Auslösung eines Krieges: »Angenommen wir finden jemanden, der an der Entwicklung von Waffen beteiligt war und sagt, es gebe Lagerstätten für Nervengas. Man kann sie aber nicht finden, weil sie so gut versteckt sind. Soll der Beweis wirklich erst dann als erbracht gelten, wenn wir das Nervengas vorweisen können?«

Peter Kilfoyle, ein ehemaliger britischer Verteidigungsminister, antwortete darauf offen: »Angesichts von Saddams Verhasstheit im Irak wäre es bestimmt ein Leichtes, jemanden zu finden, der angeblich Zeuge von Waffenproduktionen gewesen ist. Perle sagt, die Amerikaner würden sich mit solchen Behauptungen zufrieden geben, auch wenn sie nicht durch reale Beweise gestützt würden. Das ist eine furchterregende Perspektive.« Kilfoyle weiter: »Die USA machen der Welt nur vor, dass sie diese Inspektionen unterstützen. In Wirklichkeit beabsichtigt Präsident Bush, einen Krieg zu führen, auch wenn die Inspekteure überhaupt nichts finden. Das macht den ganzen Prozess zur Farce und offenbart Amerikas Entschlossenheit, den Irak in jedem Fall zu bombardieren.«

Mitte November äußerten sich Vertreter der UN öffentlich in dem Sinne, dass geringfügige irakische Verstöße nicht als »grundlegender Bruch« der Resolution gewertet werden sollten. Generalsekretär Kofi Annan sagte, man dürfe nicht mit einem fadenscheinigen Vorwand einen Krieg auslösen. Doch solche Äußerungen konnten nichts gegen die alles bestimmende Realität ausrichten: In scharfem Kontrast zur Bestimmung der Charta der Vereinten Nationen, wonach »alle Mitglieder in ihren internationalen Beziehungen auf Drohungen und Gewaltanwendungen gegen die territoriale Integrität oder die politische Unabhängigkeit eines Staates verzichten« sollen, wollten die USA sich zum höchsten Schiedsrichter über die Erfüllung oder den Bruch der Resolution aufschwingen. Michael Ratner, der Präsident des Zentrums für verfassungsmäßige Rechte in New York, geißelte dieses Verhalten in aller Deutlichkeit: »Was hier vor sich geht, ist unerhört. Der Sicherheitsrat, eine Institution, deren Ziel es ist, Krieg auf Geheiß eines einzigen Landes illegal und unmöglich zu machen, ebnet einem Aggressionskrieg den Weg. Und das Schlimmste ist, dass die USA am Ende noch damit argumentieren werden können, sie hätten seinen Segen.«

Die Erklärungen amerikanischer Regierungsvertreter, sie würden – ob mit oder ohne Rückendeckung durch eine Resolution des Sicherheitsrats – Krieg gegen den Irak führen, falls er ihrer Ansicht nach eine Resolution des Sicherheitsrats verletzt hätte, hatten durchaus etwas Realsatirisches, ja geradezu atemberaubend Heuchlerisches an sich. Doch solche Widersprüche gehören zu den Versatzstücken des »Newspeak«-Jargons, der die Stellungnahmen der USA zur Rolle der Vereinten Nationen durchzieht.

Die Berichterstattung über die Vereinten Nationen ist manchmal recht verwirrend. Sind die UN eine vitale Institution oder ein funktionsgestörtes Relikt? Sind die Resolutionen des Sicherheitsrats von grundlegender Bedeutung für internationale Beziehungen oder nur noch nebensächlich, weil die globale Führung nun von der einzigen Supermacht der Welt ausgehen muss?

Die Amerikaner bekamen unablässig zu hören, dass die Vereinigten Staaten einen groß angelegten Angriff auf den Irak führen müssten, weil Saddam Hussein die Beschlüsse des Weltsicherheitsrats verletzt habe, zugleich aber sagte man ihnen, die US-Regierung müsse für sich das Recht auf ein militärisches Vorgehen in Anspruch nehmen, falls der Sicherheitsrat nicht in der Lage sei, angemessene Entscheidungen über den Irak zu fällen.

Zur Klärung der Lage sollen hier drei grundlegende Richtlinien zum besseren Verständnis folgen, wie sich die eigene Denkweise mit der von Amerikas führenden Politikern und Meinungsmachern synchronisieren lässt:

Vom Sicherheitsrat gebilligte UN-Resolutionen sind sehr wichtig und müssen mit massiven militärischen Mitteln durchgesetzt werden, falls das Weiße Haus dies bestimmt. Andernfalls haben die Resolutionen wenig oder gar keine Bedeutung und dürfen keineswegs die ökonomische, militärische und diplomatische Unterstützung für einen Verbündeten Washingtons behindern.

Mehrere Länder ignorieren seit Beginn der Neunzigerjahre beharrlich eine große Anzahl von Resolutionen, die der Sicherheitsrat gebilligt hat. Marokko verletzt – ebenso wie Israel – mehr als ein Dutzend solcher Resolutionen, und auch die Türkei bricht einige. Dennoch müssen die Spitzenpolitiker dieser Länder in nächster Zeit kein Ultimatum Washingtons befürchten.

Manche UN-Resolutionen sind heilig. Andere sind überflüssig. Um im Mediengeschwätz über die Resolutionen des Sicherheitsrats, die in den letzten Jahren angenommen wurden, nicht den Überblick zu verlieren, gilt es vor allem an eines zu denken: In den Augen amerikanischer Nachrichtenmedien besitzt der US-Präsident die Macht eines Midas über diese UN-Resolutionen. Wenn er einer Resolution seine königliche Berührung zuteil werden lässt, dann verwandelt sie sich in eine goldene Regel, die unter allen Umständen durchgesetzt werden muss. Wenn er anderen UN-Resolutionen diesen Segen verwehrt, dann sind sie wertlos.

Die Vereinten Nationen können je nach den Umständen äußerst »relevant« oder »irrelevant« sein.
Wenn die UN als nützliches Instrument der amerikanischen Außenpolitik dienen, dann sind sie eine vitale Weltinstitution, die Verantwortung für die Zukunft übernimmt und ihre transzendente institutionelle Vision erfüllt. Wenn die Vereinten Nationen sich als nützliches Instrument amerikanischer Außenpolitik verweigern, dann ist ihre Bedeutungslosigkeit so offenkundig, dass sie Gefahr laufen, im Mülleimer der Geschichte zu landen.

Mit wohl klingenden Wörtern wird die Kriegstreiberei bemäntelt. »Es gibt eine Menge hochtrabendes Gerede über die UN hier in Washington«, sagte Eric Leaver, ein Mitarbeiter des Forschungsprojekts »Außenpolitik im Fokus«. Stephen Zunes, außerordentlicher Professor an der Universität von San Francisco, rief Mitte November 2002 einige zentrale Tatsachen in Erinnerung: »Mehr als hundert Resolutionen des Weltsicherheitsrats werden aktuell von Mitgliedsstaaten verletzt. Der Irak verletzt höchstens sechzehn davon. Paradoxerweise haben gerade die USA die Durchsetzung von UN-Resolutionen gegen viele andere Mitgliedsstaaten blockiert, da darunter Länder wie Marokko, Indonesien und die Türkei fallen, die Verbündete der Vereinigten Staaten sind.«
In Abgrenzung vom allgemeinen Medienchor stellte Leaver folgende zentrale Frage: »Wenn die USA unter dem Deckmantel der

UN einen militärischen Angriff starten, was soll dann andere Länder davon abhalten, im Namen der Durchsetzung von UN-Resolutionen eigene Militäraktionen durchzuführen – gegen die Türkei auf Zypern oder gegen Marokko in der Westsahara oder gegen Israel in Palästina? Genau aus diesem Grund ist es für die USA gefährlich, die Doktrin eines Präventivschlags zu vertreten.«

Anfang Januar 1999 tauchten auf den Titelseiten amerikanischer Zeitungen für kurze Zeit wichtige Informationen über die UN-Waffeninspekteure auf, bevor sie alsbald wieder in der Versenkung verschwanden. Man musste schon tief ins Orwell'sche Gedächtnisloch der Medien greifen, um diese Story beinahe vier Jahre später, unter dem lauten Getöse der Kriegstrommeln, wieder auszugraben. »Regierungsbeamte geben zu, dass die USA den Irak unter dem Deckmantel der UN ausspionierten«, verkündete die Schlagzeile der *New York Times* am 7. Januar 1999. Der Artikel war unmissverständlich: »Wie Regierungsbeamte heute erklärten, haben amerikanische Geheimagenten getarnt als UN-Waffeninspekteure irakische Waffenprogramme ausspioniert. [...] Als Teil des UN-Teams erhielten die Amerikaner Informationen aus erster Hand über die Nachforschungen und konnten sich ungehindert in Bagdad bewegen.« Einen Tag später folgte die Fortsetzung: »Berichte, wonach die Vereinigten Staaten die UN-Waffeninspekteure im Irak als Tarnung benutzten, um Saddam Hussein auszuspionieren, verringern die Chancen, dass das Überwachungssystem Bestand haben wird.«

Und in der Tat überlebte das Überwachungssystem der UN diese gravierende Verletzung seiner Glaubwürdigkeit nicht. Ein weiterer Faktor, der zu seinem Ende beitrug, war die Erklärung der US-Regierung, dass die strengen Sanktionen gegen den Irak aufrechterhalten würden, ganz egal ob Bagdad mit den Inspekteuren kooperierte oder nicht. Nur wenige amerikanische Berichte brachten solche Fakten ans Licht oder stellten sie dem konditionierten Reflex der Medien gegenüber, die alles Böse Saddam Hussein anlasteten.

Während der zweiten Hälfte des Jahres 2002 begnügten sich die amerikanischen Mainstream-Journalisten und Politiker damit, routinemäßig das Pro und Contra diverser aggressiver Militärszenarien zu erörtern, anstatt eine vollständige Zusammenfassung relevanter Ereignisse der Vergangenheit zu präsentieren. Manche Experten hoben zwar warnend die rote Fahne, zugleich aber wurden selbst die absurdesten und haltlosesten Gründe für einen »Regimewechsel« in Bagdad häufig vollkommen unhinterfragt abgedruckt.

Ende Juli veröffentlichte das *Wall Street Journal* einen Artikel einiger ehemaliger Anwälte des Justizministeriums, die behaupteten, die USA hätten auf der Grundlage des »internationalen Gewohnheitsrechts der antizipatorischen Selbstverteidigung« das »volle Recht«, den Irak anzugreifen und das Regime zu stürzen. Das birgt allerdings einen Widerspruch in sich: Wenn die »antizipatorische Selbstverteidigung« als triftiger Grund zur Auslösung eines Krieges gelten würde, dann könnte die irakische Regierung mit der gleichen Begründung einen Angriff auf die Vereinigten Staaten rechtfertigen (selbst wenn wir die Tatsache außer Acht lassen, dass die USA seit Jahren bereits die unilateral zu »Flugverbotszonen« erklärten Gebiete im Irak bombardieren).

Die Schwärmerei, mit der liberale Kommentatoren all ihre Hoffnungen im Spätsommer und Herbst 2002 auf Colin Powell richteten, hatte etwas Jämmerliches – und Gefährliches – an sich. Der Minister wurde salbungsvoll zum »Gemäßigten« erklärt (verglichen mit seinen Kollegen Dick Cheney und Donald Rumsfeld), und in immer neuen Veröffentlichungen wurde gespannt über das Auf und Ab seiner Kämpfe innerhalb der Regierungsmannschaft berichtet. Er wurde als geduldiger und scharfsichtiger Kenner der Washingtoner Szene gepriesen und als vollendeter Diplomat gewürdigt. Er erwies sich als großartiger Kriegstrommler und Medienliebling auf dem Marsch in den Krieg und auf der Suche nach einem gemeinsamen Nenner.

In manchen Bastionen der rechten Medienmacht wie etwa auf der Leitartikelseite des *Wall Street Journal* wurde er als zu wenig militaristisch abqualifiziert. In Wirklichkeit aber war Powells außerordentliches Prestige eine höchst nützliche Trumpfkarte für die Kriegsplaner – keineswegs wurden dadurch die Aussichten für einen Flächenbrand im Irak gemindert. Der General im Ruhestand »gilt bei vielen Freunden und Verbündeten Washingtons als wesentlicher Garant für die Glaubwürdigkeit von Bushs Außenpolitik«, notierte die französische Presseagentur AFP Anfang September. Er war klug genug, geduldig Myriaden von diplomatischen Enten aufzustellen, bevor das große Schießen begann. Mitte des Herbstes zeigte Powells Pfeil in dem *Newsweek*-Feature »Landläufige Weisheit« senkrecht nach oben: »Brillante Diplomatie siegt über Frankreich, Syrien *und* Falken.«

Selbst Experten, die die grausame Kehrseite seiner tödlichen Rolle erkannten, zollten ihm Anerkennung: »Wir sollten froh sein, dass Colin Powell Außenminister ist«, schrieb Mary McGrory sechs Wochen vor Jahresende 2002. »Ohne ihn würden unsere Soldaten vielleicht schon jetzt in Bagdad in einem tödlichen Feldzug von Tür zu Tür ziehen.« Zugleich jedoch führte die prominente Journalistin der *Washington Post* aus, dass »Powell dem Präsidenten nicht sagte, er solle nicht in den Krieg ziehen; er sagte ihm vielmehr, wie er auf politisch korrekte Weise in den Krieg ziehen könne.« Anstatt einen Krieg zu verhindern, versuchte Powell nur, »ihn einige Wochen hinauszuzögern und ein Feigenblatt dafür zu liefern«.

In den Medien wird Colin Powell zum Helden stilisiert, weil er hoch über sehr niedrige Messlatten springt. Powells Lebenslauf ist nicht der eines Mannes mit Gewissen. Das bedingungslose Engagement in zweifelhaften Aktionen war ein Markenzeichen seiner Karriere. Dazu einige Beispiele:

• Als Top-Stellvertreter von Verteidigungsminister Caspar Weinberger überwachte Powell im Januar 1986 die Übergabe von 4508 Raketen der Armee an die CIA. Nahezu die Hälfte dieser Raketen wurde später Bestandteil des Waffen-gegen-Geiseln-Geschäfts der Reagan-Administration im Iran. Powell war daran beteiligt, diese Transaktion vor dem Kongress und der Öffentlichkeit zu verbergen.

• Als Präsident Reagans Nationaler Sicherheitsberater wurde Powell zur Schlüsselfigur bei den amerikanischen Bemühungen, die gewählte Regierung von Nicaragua zu stürzen. Als Powell im Januar 1988 nach Zentralamerika reiste, drohte er jedem Land in der Region mit dem Ende amerikanischer Hilfszahlungen, falls es sich weigerte, den ständigen Krieg der Kontra-Guerillas zu unterstützen, die damals Tausende von Zivilisten töteten. Powell setzte sich aktiv dafür ein, einen Erfolg des von Costa Ricas Präsident Oscar Arias initiierten Friedensprozesses zu verhindern.

• Als die US-Truppen am 20. Dezember 1989 in Panama einmarschierten, war Powell Vorsitzender der Vereinigten Stabschefs. Wie der britische Zeitungsreporter Martin Walker berichtete, hatte er sich »als die zentrale Figur bei der Entscheidung zur Invasion profiliert«. Hunderte von Zivilisten starben während der ersten Stunden der Invasion. Am gleichen Tag erklärte Powell: »Wir müssen ein Schild vor unsere Tür hängen mit der Aufschrift: ›Hier wohnt die Supermacht.‹«

• Als Ende 2000 Bushs Parteianhänger unter größtem Einsatz die Nachzählung in Florida durchführten, um Stimmen in einem Staat zu sammeln, in dem viele tausend wahlberechtigte Afroamerikaner dank republikanischer Anstrengungen an der Stimmabgabe gehindert worden waren, fuhr Powell zu George W. Bushs Ranch in Texas, um für einen

Fototermin zu posieren und ihn in seinem Anspruch auf die Präsidentschaft zu unterstützen.

Am 25. September 1995 drängten sich während einer Veranstaltung in San Francisco, einer Buchpräsentation von Colin Powells zum Bestseller gewordenen Autobiografie, Dutzende von Reportern und Fotografen in einen Raum und schmorten unter den Scheinwerfern der Fernsehkameras. Eine Welle der Aufregung durchlief die Menge, als Powell eintraf und zur Rednertribüne schritt. Mit seiner Drahtgestellbrille nach Managerart, dem gut geschnittenen schwarzen Nadelstreifenanzug, dem frischen hellblauen Hemd und der geschmackvollen burgunderroten Krawatte war er der Inbegriff Vertrauen erweckender Autorität. Der Bürgermeister quetschte Powells Hand und entbot dem ersten Afroamerikaner, der zum Vorsitzenden der Vereinten Stabschefs ernannt worden war, einen förmlichen Willkommensgruß.

Die Reporters übertrumpften sich gegenseitig mit dem Stellen von Softballfragen, die der General im Ruhestand glatt über das Netz returnierte. Eine Frage galt seiner Rasse, eine andere der bevorstehenden Präsidentschaftswahl; dann begann Powell zu erklären, weshalb die Amerikaner ein Vierteljahrhundert nach dem ruhmlosen Vietnam-Krieg wieder vom Militär angezogen wurden. Während Powell die jüngsten militärischen Erfolge aufzählte – »die großartigen Leistungen des US-Militärs während der jüngsten Konflikte, beginnend mit der Invasion Panamas, so glaube ich, hin zu den Operationen ›Desert Shield‹ und ›Desert Storm‹« –, wurde im hinteren Teil des Raums eine Stimme laut. Ein Mann mittleren Alters im Rollstuhl meldete sich zu Wort. Er saß zusammengesackt in seinem Metallvehikel, die Hosenbeine seiner Jeans baumelten leer, und rief nach vorne: »Sie haben nicht die Wahrheit über den Golfkrieg erzählt, General.«

Powell versuchte die Unterbrechung zu ignorieren, doch der Mann gab nicht auf und setzte ihm mit den toten Zivilisten der

Kriege in Panama und im Irak zu. Schließlich antwortete Powell in begütigendem Ton und sprach den Störer dabei mit seinem Namen an.

»Hallo, Ron, wie geht es Ihnen? Lassen Sie mich eine Frage beantworten, wenn ich darf.«

»Aber warum erzählen Sie ihnen nicht, warum erzählen Sie ihnen nicht –«

»Tatsache ist, ich glaube, dass das amerikanische Volk auf mich den Ruhm projiziert, der in Wirklichkeit diesen Truppen gebührt«, fuhr Powell fort und überging damit den Einwurf. »Ich bin nur die Projektionsfläche für das, was diese jungen Männer und Frauen in Panama, bei der Operation ›Desert Storm‹ und an einer Reihe anderer Orte getan haben –«

»Einhundertfünfzigtausend Menschen, die Bombardierungen« – Ron Kovics Stimme war nur bruchstückhaft hinter der Lautsprecherstimme Powells zu verstehen.

»– es ist daher sehr berührend, diese Veränderung der Einstellung gegenüber dem Militär zu sehen. Es geht hier nicht nur um den Superstar Colin Powell. Es geht um all diese wunderbaren Männer und Frauen, die ihre Aufgabe so großartig erfüllen.«

Ron Kovic, Vietnam-Kriegsveteran und Autor der Autobiografie *Geboren am 4. Juli*, verstummte nicht an diesem Nachmittag. Immer wieder versuchte er sich von seinem Rollstuhl aus Gehör zu verschaffen. »Ich will, dass das amerikanische Volk erfährt, was der General während des Golfkriegs vor ihm verborgen hat«, sagte Kovic. »Sie haben die Opfer verborgen. Sie haben das Grauen verborgen. Sie haben die Gewalt verborgen. Wir brauchen nicht noch mehr Gewalt in unserem Land. Wir brauchen politische Führer, die für Kooperation einstehen. Wir brauchen eine Führung, die Frieden verkörpert. Wir brauchen Führer, die verstehen, welche Tragödie der Einsatz von Gewalt zur Lösung unserer Probleme nach sich zieht.«

Wie viele Iraker starben wirklich während des Golfkriegs von 1991? Powell und die anderen amerikanischen Koryphäen des Kriegs haben bemerkenswert wenig Interesse für diese Frage gezeigt. Der Wissenschaftler Stephen Zunes allerdings schrieb in seinem Buch *Tinderbox* aus dem Jahr 2002: »Die meisten Schätzungen veranschlagen die irakischen Todesopfer des Golfkriegs mit etwa 100 000. Dank der höheren Präzision der Luftangriffe war der Anteil getöteter irakischer Zivilisten weit niedriger als bei früheren Luftangriffen. [...] Dennoch sind die absoluten Zahlen ziemlich hoch. Die meisten Schätzungen gehen von etwa 15 000 getöteten Zivilisten aus.«

In den letzten Monaten des Jahrs 2002 führten die Journalisten mit Vorliebe Colin Powells Haltung gegenüber dem Irak innerhalb der Regierung Bush als letzten Beweis für seine »gemäßigte« Einstellung an. Doch man kann das Bemühen des Außenministers, Alliierte zu gewinnen und die Rückendeckung des UN-Sicherheitsrats zu erhalten, auch als Teil systematischer Vorbereitungen für einen kommenden Krieg interpretieren. Powell dachte sehr pragmatisch in einem globalen Kontext. So sprach er sich am 5. August während eines ausführlichen und folgenreichen Abendvortrags vor Bush mit Nachdruck für die Bildung von Koalitionen aus. Bob Woodward, Reporter für die *Washington Post*, schilderte später, Powell sei in seinem Vortrag vor dem Präsidenten vor allem auf die praktischen Fragen eines Kriegs gegen den Irak eingegangen: »Ein erfolgreicher militärischer Plan erfordert den Zugang zu Militärbasen und -einrichtungen sowie Überflugrechte in der Region. Dazu braucht man Verbündete.«

Anfang September, vier Wochen nach Powells Ausführungen vor Bush, stellte das *Wall Street Journal* fest, dass »der Zugang zum Luftwaffenstützpunkt al-Adeid in Katar für eine Irak-Invasion von entscheidender Bedeutung ist«. Abseits vom Scheinwerferlicht der Öffentlichkeit wurden weit reichende Abkommen ausgehandelt. »Regierungsvertreter von Katar haben amerikanische Regierungsvertreter wissen lassen, sie wollten eine Garantie dafür, dass die amerikanische Militärpräsenz in Katar von Dauer wäre«, berichtete die Zeitschrift. »Sie wollen außerdem, dass die USA einen größeren Teil der 400 Millionen Dollar Kosten für den Ausbau der Luftwaffenbasis al-Adeid für die US-Luftwaffe übernehmen.« Den widerstrebenden Mitgliedern des Sicherheitsrats wurden blutige Gegenleistungen in Aussicht gestellt. Nach den Worten des *Wall Street Journal* »wird erwartet, dass Moskau nach einem Einvernehmen mit den USA strebt und im Gegenzug freiere Hand bei der Niederschlagung der Rebellion in Tschetschenien sowie seinen Teil an den Nachkriegsverträgen für den Wiederaufbau des Iran erhält«. Bald darauf folgte eine neuerliche Welle von Grausamkeiten der russischen Armee in Tschetschenien.

Was die diplomatischen Bemühungen anging, so glich Powells Standpunkt dem von Fareed Zakaria, dem früheren Chefredakteur des Elitemagazins *Foreign Affairs*, der wie Powell schon früh auf eine Rückkehr der Waffeninspekteure in den Irak drängte und darin einen wirksamen PR-Schritt auf der Suche nach einer Konfrontation sah, die zum Krieg führen konnte. »Selbst wenn die Inspektionen nicht die perfekte Krise herbeiführen«, schrieb Zakaria am 2. September in *Newsweek*, »dann wird Washington trotzdem wegen dieses Versuchs eine bessere Ausgangsposition haben, denn es würde so aussehen, als hätte es jede erdenkliche Anstrengung zur Vermeidung eines Kriegs unternommen.« Ganz in diesem Sinne arbeitet Powell laut CNN daran, »den Präsidenten von der Notwendigkeit einer starken Koalition ähnlich der, wie sie während des Golfkriegs von 1991 existierte, zu überzeugen und durch eine neue Resolution die Unterstützung des UN-Sicherheitsrats zu gewinnen«.

Tödliche Falken kommen in vielen Aufmachungen daher; manche haben lackierte Krallen.

Zur Aufrüstung der Weltbühne für einen Krieg gegen den Irak gehörte es auch, höchst zivilisierte Phrasen von sich zu geben, so wie man ein Dutzend Jahre lang hinter dem wohl klingenden Begriff »Sanktionen« einen ungeheuren Blutzoll an Tod und Leid im Irak kaschierte. Abgesehen von wenigen abweichenden Berichten ignorierten die amerikanischen Medien diese Sanktionen im Allgemeinen oder schrieben ihre schrecklichen Auswirkungen leichtfertig – und fälschlicherweise – allein der Hinterhältigkeit Saddam Husseins zu. Wie nebenbei erwähnte die *New York Times* in einem Artikel aus Bagdad leichthin »die Verarmung eines großen Teils der 22 Millionen Irakis aufgrund der Strafen, die ihnen wegen ihrer Weigerung, sich uneingeschränkten Waffeninspektionen zu unterwerfen, auferlegt wurden«. Vielleicht wäre eine Untersuchung der tatsächlichen Lage viel zu erschütternd für Amerika.

Reese Erlich:

Sanktionen

Basra hatte einst einen blühenden Ruf. Scheichs aus der ganzen arabischen Welt kamen nach Basra, um dort Alkohol zu trinken, sich von Frauen verwöhnen zu lassen und anderen Vergnügungen zu frönen, die in ihren Heimatländern streng verboten waren. Heute können Besucher für 40 Dollar pro Nacht ein ziemlich heruntergekommenes Zimmer im gleichen Hotel bekommen. Für Iraker kostet es zehn.

Ende 2002 sieht es in den Straßen Basras aus, als wäre der Golfkrieg gerade erst zu Ende gegangen. Basra mit seinen Bombenkratern und Trümmerbergen in den Straßen hat die volle Wucht zweier Kriege abbekommen. Von 1980 bis 1988 gab es schwere Kämpfe zwischen Iran und dem Irak. Während des Golfkriegs 1991 wurde die Region durch amerikanische Angriffe massiv in Mitleidenschaft gezogen. Der berüchtigte »Highway des Todes«, auf dem US-Truppen das irakische Militär, das sich am letzten Tag des Golfkriegs aus Kuwait zurückgezogen hatte, erbarmungslos unter Bombenbeschuss nahmen, erstreckte sich über neunzig Kilometer von Mutlaa in Kuwait bis zu den Vororten Basras.

Während des Golfkriegs rief Präsident George Bush sen. die Iraker zum Aufstand gegen Saddam Hussein auf. Schiiten in Basra begingen den Fehler, Bush beim Wort zu nehmen. Gegen Ende des Kriegs rebellierten sie, die im Irak die Mehrheit stellen, gegen die irakische Armee.

Ein irakischer Soldat, ein Veteran sowohl des ersten Golfkriegs (mit dem Iran) wie auch des zweiten, war in Kuwait stationiert gewesen und von dort zurückbeordert worden, als die USA angriffen. In Basra sah er sich plötzlich von wütenden schiitischen Milizionären umringt, die ihn zur Herausgabe seines AK-47-Gewehrs aufforderten.

In einem Interview sagte der Veteran: »Ich habe in zwei Kriegen gekämpft, aber nie hatte ich mehr Angst als damals. Diese Leute wollten uns umbringen.« Er gab ihnen sein Gewehr, zog die Uniform aus und kehrte in seine Heimat im Zentralirak zurück. Der Veteran gehörte der sunnitischen Minderheit im Irak an. Er war überzeugt, der Aufstand richte sich nicht nur gegen Saddam Hussein, sondern er sei der Beginn eines Konflikts zwischen Sunniten und Schiiten.

Hinter dieser Anekdote verbirgt sich einer der zentralen Widersprüche, mit denen die USA sich heute konfrontiert sehen. Am Ende des Golfkriegs von 1991 hätten die USA Saddam Hussein entmachten können, doch sie fürchteten, seine sofortige Ausschaltung würde das Land auseinander brechen lassen. Proiranische schiitische Muslime hätten den Südirak in ihre Gewalt gebracht. Kurden hätten die Macht im Norden an sich gerissen und damit womöglich eine Revolte der türkischen Kurden ausgelöst.

Dieselben Gefahren bestehen heute weiter. 1991 führte der fundamentalistische Schiitenprediger Mohammed Bakr al-Hakim Tausende seiner Milizionäre aus ihrem Zufluchtsort im Iran in den südlichen Irak. Diese Bakr-Brigade kämpfte gegen Saddams Truppen, rief jedoch zugleich eine Islamische Republik Basra aus. Die USA nahmen erneut Gespräche mit Bakr auf, der als wichtiger Verbündeter im Südirak betrachtet wurde.

1991 jedoch beschloss die Regierung Bush, Saddam an der Macht zu lassen, sein Regime durch wirtschaftliche Sanktionen zu schwächen und ihn dann nach kurzer Zeit zu verjagen. Wie wir wissen, funktionierte dieser Plan nicht wunschgemäß. Saddam Hussein blieb dank massiver Repression und indem er an den

Patriotismus der Iraker appellierte an der Macht. Seine Entourage profitierte beachtlich vom Schmuggel mit Embargo-Gütern. Mercedes- und BMW-Limousinen waren auf den Straßen zu sehen, und an den Ufern des Tigris wurden teure Villen erbaut.

Dagegen hatten die von den Amerikanern auferlegten Sanktionen grausame Auswirkungen auf die irakische Zivilbevölkerung. Fünf Jahre lang befand sich die Binnenwirtschaft kurz vor dem Kollaps. Das medizinische Versorgungssystem brach aufgrund fehlender Geräte und Medikamente zusammen. Die öffentliche Wasserversorgung und Kanalisation verfiel in einem Maße, dass Kinder regelmäßig an Magen-Darm-Infektionen erkrankten. Unterernährung wurde zu einem ernsten nationalen Problem.

1990 stand der Irak im Human Development Index der Vereinten Nationen, der den Gesamtentwicklungsstand eines Landes misst, von 130 Nationen an 50. Stelle. 2000 war der Irak auf den 126. Platz von 174 zurückgefallen. UNICEF schätzt, dass 500 000 Kinder als direkte Folge der Sanktionen gestorben sind.

Infolge von Hilfsprogrammen internationaler Organisationen sowie der irakischen Regierung hat sich der Prozentsatz von Kindern mit Mangelernährung mittlerweile verringert. 1996 waren elf Prozent der Kinder unterernährt, 2002 waren es noch vier Prozent. Noch immer aber waren damit eine Million Kinder – ein Viertel der unter Fünfjährigen – akut unterernährt. »Das ist inakzeptabel«, sagt Carel de Rooy, Leiter von UNICEF im Irak. »Es muss mehr getan werden, damit das Leiden einer Generation von Kindern ein Ende nimmt.«

Die USA betonen zwar immerzu, dass diese Sanktionen von den Vereinten Nationen verhängt wurden, tatsächlich aber wären sie ohne den Druck der USA und Großbritanniens, die auf ihrer Beibehaltung bestehen, schon längst aufgehoben worden. Die Sanktionen wurden von republikanischen wie von demokratischen Regierungen gleichermaßen befürwortet, beide wiesen Saddam Hussein die Schuld am Leiden der irakischen Bevölkerung zu.

Nach 1996 verbesserte sich die wirtschaftliche Lage dank des Öl-für-Lebensmittel-Programms bis zu einem gewissen Grad. Es erlaubte dem Irak, Erdöl zu verkaufen und 59 Prozent des Erlöses für den Einkauf humanitärer Produkte in jenen Regionen des Landes zu verwenden, die von Saddam kontrolliert werden. Die verbleibenden 41 Prozent flossen in Reparationszahlungen für den Golfkrieg oder wurden zur Finanzierung von UN-Programmen in der autonomen Region Kurdistan sowie für die Bezahlung von UN-Verwaltungsaufgaben im Irak einschließlich der Waffeninspektionen verwendet.

Das Programm Öl für Lebensmittel ermöglichte zwar bis zu einem gewissen Maß den Import von Nahrungsmitteln, Medikamenten und wichtigen Ersatzteilen, aber die USA setzten nach wie vor alles daran, das Leben der Zivilbevölkerung unerträglich zu machen, in der Hoffnung, dadurch einen allgemeinen Hass auf Saddam zu schüren.

Kinderkrankenhaus Basra

Das Kinder- und Entbindungskrankenhaus Basra ist ein einstöckiges Gebäude, dessen Flügel durch sich kreuzende Korridore miteinander verbunden sind. Früher einmal war es eine saubere und moderne Einrichtung. Ende 2002 stürzten Teile des Krankenhauses wegen nicht durchgeführter Reparaturarbeiten ein. Die Wände bräuchten dringend einen Anstrich, und manchmal fehlt es dem Personal an Desinfektionsmitteln zum Reinigen der Böden.

Dr. Asad Eesa, der Chefarzt des Krankenhauses, erklärte, die Krebsstation sei nicht belegt, weil das Krankenhaus nicht über genügend Medikamente für Chemotherapien verfüge. Die Patienten kämen, erhielten eine Diagnose und würden anschließend nach Hause geschickt, bis wieder Medikamente vorrätig wären.

Eman Schather bekam keine Medikamente für ihre achtjährige

Tochter Khanasa, die an einem Unterleibstumor leidet. Khanasa saß teilnahmslos auf dem Krankenhausboden. Sie wartete auf eine Bluttransfusion zur Milderung ihrer Symptome, aber in Wirklichkeit brauchte sie eine Chemotherapie.

Dr. Eesa beklagte sich, dass das Hospital aufgrund der Sanktionen in einem Monat bestimmte Medikamente für eine Chemotherapie erhalte und im nächsten Monat wieder andere. Dadurch wird der Behandlungsprozess so gestört, dass es häufig zu Rückfällen kommt. Wenn eine Behandlung mit einem Medikament erst einmal unterbrochen wurde, hilft häufig auch eine spätere Verabreichung des richtigen Medikaments nichts mehr. Infolgedessen hat Khanasa »eine schlechte Prognose«, sagte Dr. Eesa, der die Sanktionen direkt für den nun sicheren Tod dieses Kindes verantwortlich macht.

Von den Büros des UN-Hochhauses in der East Side von New York sieht die Welt dagegen ganz anders aus. Um die humanitäre Hilfe und die Sanktionen gegen den Irak zu organisieren, entstand eine ganze UN-Bürokratie. Ein Sprecher des Irak-Büros, das den Einkauf von humanitären Gütern unter dem Öl-für-Lebensmittel-Programm überwachte, räumte ein, dass die Lieferung lebenswichtiger Produkte unvorhersehbaren Schwankungen unterliege, doch die Pressesprecherin Hasmik Egian machte dafür Saddam Husseins Regierung verantwortlich. Sie nannte bürokratische Hemmnisse und falsche Prioritäten als Ursachen des Problems.

»Die Verantwortung für den pünktlichen und adäquaten Einkauf von Versorgungsgütern liegt vollkommen in der Hand der irakischen Regierung«, sagte sie. »Der Gesundheitssektor wurde von der Regierung sträflich vernachlässigt.«

Barbara Lubin, die Leiterin der Middle East Children's Alliance in Berkeley, einer Kinderhilfsorganisation für den Nahen Osten, räumte ein, dass die irakische Bürokratie in ihrer Starrsinnigkeit zum Verrücktwerden sein könne. Sie weiß, wovon sie spricht. Sie hat den Irak viele Male seit 1990 besucht. Lubin zufolge gelang es Saddams Regime vor der Verhängung der Sanktionen ohne Probleme, Medikamente schnell zu besorgen, sodass der Irak über ein relativ gut funktionierendes, frei zugängliches Gesundheitssystem verfügte. Ihrer Ansicht nach steht es außer Zweifel, dass die von den USA gestützten Sanktionen für die Probleme in irakischen Krankenhäusern und damit für den unnötigen Tod vieler irakischer Kinder verantwortlich sind.

Die seltsame Geschichte der angereicherten Kekse

UNICEF ist stolz auf sein Programm zur Bekämpfung der Unterernährung im Irak. UNICEF hat aus den Erfahrungen in anderen Ländern mit weitaus schlechteren Bedingungen gelernt, wie man Unterernährung bekämpft. Die UN-Behörde hat zur Bekämpfung der Unterernährung von Kindern eine spezielle Milch und mit Proteinen angereicherte Kekse entwickelt. UNICEF liefert die Milch und die Kekse und erstellt einen gerechten Verteilungsplan dafür. Es ist alles ganz einfach – nur im Irak eben nicht.

An der al-Borouj-Vorschule in einem Vorort von Saddam City, dem verarmten Slum, in dem schätzungsweise drei Millionen Iraker ihr Dasein fristen, sollte eigentlich beispielhaft der Erfolg von UNICEFs Kampf gegen den Hunger demonstriert werden.

UNICEF und das irakische Gesundheitsministerium fördern an dieser Vorschule gemeinsam ein Programm zur Erkennung von Unterernährung bei Kindern. Die freiwillige Arzthelferin Samira al-Orfali stellt die Kinder auf eine Waage, um festzustellen, ob sie deutlich untergewichtig sind. Orfali führt genaue Aufzeichnungen über jedes Kind. Die schlimmsten Fälle werden ins Krankenhaus eingewiesen. Andere setzt sie auf die Liste derer, die Spezialmilch und angereicherte Kekse erhalten sollen – die aber nie eintreffen.

Orfali zufolge verschwanden die Kekse im Jahr 2000, und die Milch kommt seit 2001 nicht mehr an. UNICEF hat 2800 Untersuchungszentren im ganzen Irak eingerichtet und weiß exakt, wie viele unterernährte Kinder sich dort befinden. Aber es kann die notwendigen Nahrungsergänzungen nicht liefern.

Die Erklärung dafür lieferten Mitarbeiter internationaler Hilfsorganisationen unter der Bedingung der Anonymität. Die Vereinten Nationen stellen die Spezialnahrung nicht selbst her. Das tun Lebensmittelfabriken außerhalb des Irak. Die UNO stellt strenge Anforderungen daran, um sicherzustellen, dass die Nahrungsergänzung alle wesentlichen Bestandteile enthält. Die irakische Regierung schließt einen Vertrag mit den Produzenten und vereinbart dann die Lieferung.

Unter normalen Geschäftsbedingungen schließt der Käufer einen Vertrag mit einem Hersteller ab. Der Käufer macht eine Anzahlung, erhält eine Teillieferung, vergewissert sich, dass sie seinen Anforderungen entspricht, und bezahlt die nächste Tranche, bis der Vertrag schließlich erfüllt ist. Unter dem Öl-für-Lebensmittel-Programm muss der Irak jedoch die gesamte Ware nach der Unterzeichnung des Vertrags im Voraus bezahlen.

Nach Aussagen eines Mitarbeiters einer internationalen Hilfsorganisation erfüllten die angereicherten Kekse nicht die Anforderungen der UN, als der Irak sie erhielt. Die Firma räumte das Problem ein, argumentierte jedoch, die Kekse enthielten dennoch alle erforderlichen Nährstoffe. Die Iraker wiederum bestanden auf der Einhaltung der UN-Anforderungen.

»Das Programm Öl für Lebensmittel erlaubt es den Herstellern, den Irak durch die Lieferung von Billigprodukten zu übervorteilen«, sagte der Mitarbeiter. »Welches Druckmittel hat man noch, wenn die Lieferung bereits vollständig bezahlt ist?«

Nach einem Jahr kündigte der betreffende Hersteller den Vertrag. Die irakische Regierung unterzeichnete einen Vertrag mit einem anderen Produzenten, aber auch dieser wurde ein Jahr später gekündigt. Ähnlich verhielt es sich mit der von einer anderen Firma gelieferten Spezialmilch: Die Iraker behaupteten, die Milch sei kontaminiert. Die Firma wollte ihre eigenen Tests durchführen, man konnte sich nicht einigen. Bis auf weiteres gibt es keine Milch und keine Kekse.

Die Mitarbeiter der Hilfsorganisationen sprechen den Irak nicht von aller Schuld frei.

»Aber die Sanktionen machen alles noch schlimmer«, sagte einer von ihnen.

Wie Trinkwasser zur Kriegswaffe wurde

In den Siebziger- und Achtzigerjahren schloss der Irak Verträge mit europäischen Firmen über den Bau hoch technisierter Wasserversorgungssysteme in städtischen Gebieten ab, doch die Wasseraufbereitungsanlagen hingen von der Lieferung notwendiger Ersatzteile und Chemikalien aus dem Ausland ab. Auch in diesem Fall wurde die lebenswichtige Wartung durch die Sanktionen unmöglich.

Schon 1991 war sich die US-Regierung darüber im Klaren, wie verletzbar die irakische Wasserversorgung war und welche Auswirkungen Sanktionen darauf haben würden. Thomas J. Nagy, außerordentlicher Professor an der George-Washington-Universität, veröffentlichte in der Zeitschrift *The Progressive* einige aufschlussreiche Dokumente von der Website der Defense Intelligence Agency (DIA), des Militärischen Nachrichtendienstes.

In einem DIA-Dokument vom 22. Januar 1991 stand zu lesen, dass die Wasseraufbereitungsanlagen des Irak auf »wichtige Spezialgeräte zur Reinigung des Wassers« angewiesen sind. Ohne diese Teile und bestimmte Chemikalien würden »sich Krankheiten einschließlich möglicher Epidemien ausbreiten, sofern die Bevölkerung das Wasser nicht vorsichtshalber abkocht«.

Auf Nachfrage sagte DIA-Sprecher Korvettenkapitän Jim Brooks, das Dokument sei rein deskriptiv und befürworte keine bestimmte Politik. »Man beschuldigt uns, wir wollten Sanktionen, um damit Schaden anzurichten.« Brooks erläuterte, die DIA sei nach den Folgen von Sanktionen gefragt worden und das sei die Antwort darauf gewesen. »Es war ein nachrichtendienstlicher Bericht«.

»Wenn man in den Krieg zieht, ist man über eine mögliche humanitäre Krise besorgt«, fügte er hinzu. Gute Aufklärungsarbeit warne die Politik vor möglichen Folgen.

Zwölf Jahre lang durfte der Irak keine Ersatzteile und Chemikalien importieren, die für die Aufbereitungs- und Abwasseranlagen unabdingbar notwendig waren. In einem vertraulichen Bericht des Entwicklungsbüros der Vereinten Nationen vom 7. September 2002 stand zu lesen, dass der tägliche Pro-Kopf-Verbrauch an Trinkwasser im Irak in den Städten um 60 Prozent und in ländlichen Gebieten um 63 Prozent gesunken ist. Ein Fünftel der irakischen Bevölkerung läuft dem Bericht zufolge »Gefahr, keinen freien Zugang zu sauberem Wasser und sanitären Anlagen mehr zu haben«.

Wenn man annimmt, dass Regierungsbeamte ihre eigenen DIA-Berichte lesen, dann kann man davon ausgehen, dass die Regierungen Bush und Clinton sich mit Sicherheit darüber im Klaren waren, welche Konsequenzen Sanktionen für die Wasserversorgung des Irak haben würden.

Zwischen 1991 und 1999 arbeitete die Wasseraufbereitungsanlage Schatt al-Arab in Basra nur mit zwanzig Prozent ihrer Kapazität, wie der Ingenieur Mehmud Wahad erklärte. Die USA blockierten den Import entscheidender Ersatzteile und Chemikalien mit der Behauptung, sie könnten auch für militärische Zwecke eingesetzt werden. Chlor beispielsweise, das unabdingbar ist für die Wasserreinigung, kann auch zur Herstellung von Chlorgas benutzt werden. Kritiker behaupten, die Vereinigten Staaten blockierten absichtlich den Import unerlässlicher Ersatzteile, die keinen militärischen Nutzen haben.

»Es ist eine sadistische Art, das irakische Volk zu zermürben«, sagte Fabio Alberti, Präsident von »Brücken nach Bagdad«, einer italienischen NGO, die bei der Erneuerung irakischer Wasseraufbereitungsanlagen hilft. »Ich verstehe wirklich nicht, welchen militärischen Nutzen man aus Chlorierbehältern oder Pumpen ziehen kann.«

Das Entwicklungsprogramm der Vereinten Nationen (UNDP) bestätigt, wie langwierig die Beschaffung solcher Teile ist. Das UNDP ließ eine Reihe von Wasser- und Abwasseraufbereitungsanlagen in Bagdad wieder in Gebrauch nehmen. Doch das Sanktionskomitee der Vereinten Nationen verzögerte die Auslieferung von Ersatzteilen im Durchschnitt um sechs bis zwölf Monate, so berichtete die UNDP-Vertreterin vor Ort, Ruth Arias. Die Folge ist, so erklärte sie in einem Interview, dass die Iraker nicht in der Lage sind, alle ihre Wasseraufbereitungsanlagen zu reparieren. Der Mangel an Ersatzteilen führt außerdem dazu, dass ungeklärte Abwässer in Flüsse oberhalb der Wasseraufbereitungsanlagen gepumpt werden – was die Produktion von Trinkwasser noch schwieriger macht.

Mit Hilfe von »Brücken nach Bagdad« spürten Ingenieure der Aufbereitungsanlage Schatt al-Arab Ersatzteile innerhalb des Irak auf, sodass sie die Fabrik 1999 reparieren konnten. Ende 2002 lief die Einrichtung, so der Ingenieur Wahad, mit siebzig Prozent ihrer Kapazität. Er sagt, technisch gesehen habe das Wasser Trinkwasserqualität, aber die Einwohner von Basra mögen den Salzgeschmack nicht und ihnen wird noch immer übel davon.

Auf die Frage, ob er selbst sein eigenes Produkt trinke, antwortet er: »Nein. Ich trinke Wasser von privaten Wasserlieferanten.«

Norman Solomon:

Der Marsch in den Krieg

Am 14. November 2002, wenige Tage vor dem Eintreffen der ersten Mitglieder des neuen Inspektorenteams in Bagdad, gab der US-Verteidigungsminister ein einstündiges Interview bei Infinity Broadcasting Network. Ein Anrufer fragte, was passieren würde, wenn die UN-Inspekteure keine Massenvernichtungswaffen im Irak fänden. »Das würde nur beweisen, dass die Iraker die Inspekteure erfolgreich an der Nase herumgeführt haben«, erwiderte Donald Rumsfeld. Genau genommen sagte er, das Fehlen von Belastungsmaterial sei selbst schon belastend. »Es steht außer Zweifel, dass das irakische Regime clever ist«, fügte Rumsfeld hinzu, »sie haben eine Menge Zeit damit verbracht, Sachen zu verstecken, im ganzen Land zu verstreuen und unter der Erde zu vergraben.«

Schon bald nahte der 8. Dezember, der Stichtag, bis zu dem Bagdad laut UN-Resolution eine ausführliche Erklärung über seine Waffenprogramme einschließlich eines detaillierten Inventars vorlegen sollte. Die *New York Times* sprach vom »Druck auf den Irak, eine ehrliche Bilanz vorzulegen« und schrieb am 16. November: »Die Vereinigten Staaten haben angedeutet, sie würden den Beweis, dass der Irak gelogen hat, als ausreichenden Grund ansehen, einen Krieg zu führen und die Regierung zu entwaffnen.« Wenn der Irak aber den Besitz von Massenvernichtungswaffen zugäbe, dann könnte auch dieses Eingeständnis als hinreichender Grund für einen Krieg gegen den Irak betrachtet werden. Um einen Krieg zu vermeiden, hätte die irakische Regierung also einen negativen Aussagesatz zu beweisen. Und Richter darüber wäre Präsident Bush.

Nach vierjähriger Unterbrechung nahmen die Inspekteure fünf Wochen vor dem Jahresende 2002 ihre Arbeit wieder auf. Wenn man die Wiederaufnahme der Kontrollen durch die Inspekteure – die mit hoch entwickelten Technologien und nie dagewesenen Vollmachten ausgestattet waren – im Licht der Hoffnung sah, dass durch sie Massenvernichtungswaffen aus dem Arsenal des Irak entfernt werden könnten, dann war dies ein viel versprechender Schritt. Für diejenigen in Washington allerdings, die den Weg für einen Irak-Krieg freimachen wollten, war das neue Inspektionsverfahren ein Hindernis, das aus dem Weg geräumt werden musste. »Die Bemühungen um einen schnellen Start der Inspektionen gestern wurden, wie man öffentlich von Irakern und hinter vorgehaltener Hand von UN-Vertretern hörte, durch Versuche der Regierung Bush kompliziert, die Mission von vornherein zu untergraben«, so berichtete der Londoner *Independent* am 20. November. Die fortgesetzten Sticheleien gegen Chefinspekteur Blix veranlassten einen Sprecher des UN-Teams vor Ort, Mark Gwozdecky, zu der Bemerkung: »Diejenigen, die solche Angriffe führen, sind sich anscheinend nicht darüber im Klaren, welchen Schaden sie damit internationalen Bemühungen zufügen, die Verbreitung von Massenvernichtungswaffen nicht nur im Irak, sondern auch anderswo zu stoppen.«

Doch für die Kriegstreiber in Bushs Team hatte das Anschwärzen der von Blix geleiteten Inspektionen erste Priorität. Ihnen war nämlich daran gelegen, Blix auf einen schärferen Konfrontationskurs zu den Irakern zu bringen und womöglich die Grundlage dafür zu schaffen, seine Berichte vor dem Sicherheitsrat später abzuqualifizieren. Die rechten Medien stießen unisono in das gleiche Horn: »Wir hoffen, dass Mr. Blix im Laufe der Tage begreift, dass seine eigene Glaubwürdigkeit ebenso auf dem Prüfstand steht wie die von Saddam Hussein«, stand im Leitartikel des *Wall Street*

Journal vom 22. November zu lesen, gefolgt von der dunklen Anspielung: »Mr. Blix hat seine eigene Vergangenheit im Irak, und es
flößt uns wenig Vertrauen ein, dass er den Diktator entwaffnen
will. Die Frage ist nun, ob der 74-jährige Diplomat zulässt, dass
Saddam ihn und die UNO ein weiteres Mal zum Narren hält.« Damit war erst der Startschuss auf der Leitartikelseite jener Zeitung
gegeben, von der so oft die Eröffnungssalven abgefeuert werden,
welche alsbald in der nationalen Presse ein weithin hallendes Echo
finden. Zwei Ausgaben später erschien ein langer Aufmacherarti-
kel unter der Überschrift »Der furchtsame Hans«. Zur Verdeutli-
chung von Blix' zweifelhaftem Charakter trug er in der Zeichnung,
die den Kommentar begleitete, eine Krawatte mit dem Peace-Zei-
chen.

Sowohl der Leitartikel als auch der Kommentar pries die überlegenen Tugenden eines anderen Waffeninspekteurs namens Rolf
Ekeus und beklagte sich, dass nicht er anstelle von Blix für diesen
Posten auserkoren worden war. In dem Leitartikel wurde Ekeus als
»viel hartnäckiger« geschildert, und der zweite Artikel beschrieb
ihn als »hocheffizienten Leiter der UN-Sonderkommission, die den
Irak in den Neunzigerjahren inspizierte«. Keiner aber ließ auch nur
einen Ton darüber verlauten, dass Ekeus erwiesenermaßen die Rolle der US-Regierung bei den UN-Inspektionen im Irak angepran-
gert hatte. Vier Monate zuvor, am 30. Juli, veröffentlichte die
Financial Times eine Reportage, die von den amerikanischen Medien ignoriert wurde: »Rolf Ekeus, der Leiter der UN-Waffenin-
spektionen im Irak zwischen 1991 und 1997, hat die USA und andere Mitglieder des Sicherheitsrats beschuldigt, die UN-Inspektionen für ihre eigenen Zwecke zu manipulieren.«

Solche Manipulationen gehören seit jeher zur Taktik Washingtons gegenüber UN-Inspektionen im Irak. Nun, da das Pentagon
für einen Generalangriff mobil machte, waren US-Politikstrategen
besorgt, sie könnten den neuen Inspektionsprozess so sehr verun-
glimpfen, dass sie die Kontrolle darüber verloren. Dabei zeigte sich

die Presse manchmal recht hilfreich. Die »Spin-Doktoren« vom Weißen Haus dürften an Thanksgiving 2002 mit großer Freude eine Titelgeschichte in der *Washington Post* mit folgender Einleitung gelesen haben: »Die Vereinten Nationen starteten gestern ihre womöglich bisher bedeutendsten Waffeninspektionen mit einem Team, dem auch ein 53-jähriger Mann aus Virginia ohne nennenswerten wissenschaftlichen Abschluss angehört, der eine prominente Rolle in sadomasochistischen Sexklubs spielt.«

Unter den 100 Waffenexperten, die bereits als Vorhut der UN-Waffeninspekteure ausgewählt worden waren, hatte die *Post* einen (»er wartet in New York auf seinen Aufbruch in den Irak«) gefunden, der mit SM zu tun hatte. Die Story machte die Runde durch alle größeren Medien der USA und beeinflusste die öffentliche Wahrnehmung der UN-Inspektion negativ, obwohl der SM-Anhänger, ein ehemaliger Marinesoldat und Ex-Mitglied des Geheimdienstes, auf Anregung des State Department in das UN-Inspektorenteam aufgenommen worden war.

Mit der Sadomaso-Story ließ sich wunderbar auf das neue Inspektionsprojekt einprügeln. In einem Fortsetzungsartikel der *Washington Post*, der zwei Tage später getreu der SM-Fixierung des Blattes als Aufmacher folgte, hieß es, besser qualifizierte Waffenexperten seien »für zu aggressiv in ihren Entwaffnungsbemühungen gehalten« und aus dem gegenwärtigen UN-Überwachungsteam ausgeschlossen worden. Zu den Vorwürfen »ehemaliger Inspekteure« gehörte unter anderem, die neue Politik der UN, ihre Informationen nicht an Geheimdienste weiterzugeben, könnte die Chancen des Teams auf Waffenfunde weiter verringern. Freilich erklärten sie mit keinem Wort, inwiefern ein Informationsfluss vom UN-Überwachungsteam zum CIA für die UN-Waffeninspektoren von Nutzen sein könnte, auch wenn damit zweifellos der amerikanischen Regierung bei der exakteren Lokalisierung ihrer Angriffsziele im Irak gedient wäre.

Während im Herbst 2002 amerikanische Streitkräfte in den Persischen Golf verlegt wurden, kam es zu einer Eskalation der Luftangriffe im Norden und Süden des Irak. Typisch für die Art der amerikanischen Berichterstattung darüber war eine Sendung am 15. November, als CNN in seinen Hauptnachrichten von »durch die UNO autorisierten Flugverbotszonen« sprach. Das Problem dabei ist, dass es ein solches Mandat der Vereinten Nationen nicht gibt. Das scheint allerdings niemand in der Medienlandschaft zu interessieren. »Schon jetzt nehmen amerikanische und britische Kampfflugzeuge eine aggressivere Haltung bei der Überwachung der Flugverbotszonen im Irak, in den Regionen im Norden und im Süden, aus denen irakische Flugzeuge verbannt wurden, ein«, berichtete *Time* am 2. Dezember. Die Benutzung des Passivs (»verbannt wurden«) verschleiert die Tatsache, dass die Bombardierungen der Amerikaner und Briten nur durch ihr eigenes Gutdünken autorisiert sind.

Die vermehrten Luftangriffe waren ganz unverkennbar Teil der Kriegsvorbereitung, und die Flugabwehrgefechte der Iraker lieferten dem Pentagon sowohl nützliche Informationen wie auch Munition für die Propaganda zu Hause. Außerdem bestand noch die Möglichkeit, aus dem Abschuss eines Flugzeugs eine Art Tongking-Legende im Golf zu fabrizieren. »Es ist immer ein schwer wiegender Zwischenfall, wenn jemand auf amerikanische Flugzeuge feuert«, erklärte Ari Fleischer, der Sprecher des Weißen Hauses, am 19. November. Er sprach von einem »gravierenden Bruch der UN-Resolutionen«, allerdings zogen US-Regierungsvertreter die Formulierung wieder zurück, nachdem der UN-Generalsekretär, Kofi Annan, umgehend Einspruch erhoben hatte. Dennoch erleichterte die Bombardierung von Zielen im Nord- und Südirak den Kriegsplanern in Washington mit Sicherheit ihre Aufgabe. »Die Luftangriffe auf irakische Luftabwehrstellungen zeigen allmählich ein Muster, das genau zu den Kriegsplänen passt, die die Amerikaner zum Sturz Saddam Husseins ausgearbeitet haben«, berichtete die

Londoner *Times* Mitte November. Unterdessen stand in einer von Reuters veröffentlichten Depesche der *USS Abraham Lincoln*, dass die aggressiven Flugeinsätze »eine Generalprobe für den Kriegsfall geworden seien und die Chance böten, Bagdads Militär bei den Kriegsvorbereitungen zu stören«.

Während das Pentagon einen Generalangriff auf den Irak vorbereitete, entdeckten viele amerikanische Berichte an diesem Vorhaben erfreuliche Seiten. Ein vierseitiger Artikel in *Time* Ende November schloss mit der Bemerkung einer Sprecherin der Atombehörde über vergangene Probleme: »Es gab Zeiten, in denen wir ein Gebäude betraten und die Iraker aus der Hintertür rannten. So etwas sollte heute nicht mehr passieren.« Die Zeitung fügte dem folgenden Kommentar hinzu: »Vielleicht lautet die beste Nachricht für die Inspekteure dieses Mal, dass die USA darauf vorbereitet sind, Saddam zu bestrafen, falls etwas Ähnliches doch geschieht.« Es ist bezeichnend, wie in dieser Darstellung des antizipierten Kriegs – eine »Strafe für Saddam« – die Menschen in der Schusslinie missachtet werden und aus dem Blickfeld verschwinden.

In einem schwärmerischen Erguss über die militärische Stärke von Uncle Sam strickte *USA Today* an der landläufigen Medienlegende weiter, wonach ein einziger Mann in der Schusslinie dieser grandiosen Macht stehe: »Das Nachrichten-Briefing bezüglich der B-2-Bomber in [dem Luftwaffenstützpunkt] Whiteman stellt die jüngsten Bemühungen des Pentagon dar, die tödliche Feuerkraft publik zu machen, die im Falle eines Krieges gegen Saddam zum Einsatz kommt.« Dabei befleißigt sich der Artikel einer ebenso schlichten wie ehrfürchtigen Sprache: »Der B-2-Bomber ist in nahezu jeder Hinsicht ein technisches Wunderwerk. Er kann bei einer einzigen Mission 16 satellitengelenkte Bomben mit einem Gewicht von einer Tonne abwerfen. Die Bomber, die pro Stück 1,5 Milliarden Dollar kosten, können aber auch 5000 Pfund schwere, so genannte »Bunker-Buster«-Bomben transportieren, die in befestigte unterirdische Stellungen eindringen können.« Ganz nebenbei erwähnte der

Verfasser, dass der 5000-Pfund-Sprengkopf »im Jargon der Luftwaffe als so genannter ›Massenbeglücker‹ bezeichnet« wurde. Mit
Unmengen von Tinte, Zeitungs- und Hochglanzpapier überging die
Presse sang- und klanglos das Tötungspotenzial dieses Arsenals;
ebenso wie das Fernsehen, das in vielen Stunden Sendezeit bereits
hingebungsvoll Kriegsspiele inklusive bunter Simulationsgrafiken
und Ehrfurcht gebietender Aufstellungen von Flugzeugträgern,
Kampfjets, schnittigen Bombern und luftgestützten Raketen insze-
nierte. Diese Berichterstattung im Vorfeld mit ihrer Vergötzung des
amerikanischen Waffenarsenals gab bereits einen Vorgeschmack
auf das, was von den wichtigsten Nachrichtenorganen zu erwarten
wäre, wenn die Region erst einmal in Brand gesetzt war.

Um die Akzeptanz des nächsten Kriegs zu erhöhen, musste zunächst der Blick auf den vorhergehenden getrübt werden. (Orwell:
»Wer die Vergangenheit kontrolliert, kontrolliert die Zukunft; wer
die Gegenwart kontrolliert, kontrolliert die Vergangenheit.«) Die
Linse, durch die der nächste Krieg gegen den Irak wahrgenommen
werden sollte, war während des Golfkriegs erfolgreich vorgeschlif-
fen worden. »Der unersättliche Appetit der Fernsehsender versetzte das Pentagon in die Lage, mühelos die Kontrolle zu übernehmen« – daran erinnerte Patrick J. Sloyan mehr als zehn Jahre nachdem er für seine Berichterstattung als *Newsday*-Korrespondent den
Pulitzer-Preis gewonnen hatte. »Praktisch jedes amerikanische
Waffensystem wird entweder durch Überwachungskameras an
Bord von Kampfflugzeugen und Helikoptern oder von Militärfoto-
grafen oder einzelnen Soldaten mit Handkameras überwacht. Dieses ›mit der Kamera an der Waffe‹ aufgenommene Filmmaterial
kann je nach Gutdünken der politischen Entscheidungsträger des
Militärs freigegeben oder zurückgehalten werden. Als im Januar
1991 der Luftkrieg begann, wurden die Medien von Schwarzkopf
in Saudi-Arabien und von Powell in Washington mit sorgfältig aus-
gewählten Aufnahmen gefüttert. Die meisten davon waren glatte
Irreführungen.«

Es ist bezeichnend, dass die Männer, die zwölf Jahre zuvor Verteidigungsminister bzw. Vorsitzender der Vereinten Stabschefs waren, auch in dem zukünftigen Krieg eine zentrale Rolle spielen sollten, nun als Vizepräsident und Außenminister. In einem Aufsatz, den Sloyan 2002 als Mitglied der Alicia Patterson Foundation verfasst hatte, beschrieb er mit ahnungsvollem Blick auf die Zukunft die »Einschränkungen, denen Reporter auf dem Schlachtfeld« 1991 unterworfen waren: »Unter den von Cheney und Powell entwickelten Regeln durften Journalisten sich nicht ohne militärische Eskorte bewegen. Alle Interviews mussten im Beisein militärischer Öffentlichkeitsexperten stattfinden. Jede Manuskriptzeile, jedes Foto und jeder Filmstreifen musste genehmigt – zensiert – werden, bevor etwas abgeschickt werden konnte. Und diese Regeln wurden rücksichtslos durchgesetzt.« Anfang Dezember 2002 machte David Shaw, der Medienkritiker der *Los Angeles Times*, seine Befürchtungen publik: »Die Erfahrungen der Vergangenheit, sowohl mit der gegenwärtigen Bush-Regierung wie auch mit ihren republikanischen Vorgängern, geben allen Anlass zu der Befürchtung, dass Washington im Fall eines Krieges gegen den Irak mehr Kontrolle über die Medien ausüben wird als je zuvor und dabei jede denkbare Taktik von der Manipulation bis zur Täuschung und Desinformation einsetzen wird.«

Die rückblickende Medienkritik hat sich tendenziell vor allem auf falsche Behauptungen über technische Leistungen konzentriert: Wie viele »intelligente Bomben« gab es wirklich? Kamen nicht die meisten Tomahawk-Marschflugkörper vom Kurs ab? War es nicht so, dass die USA am Ende keine einzige Scud-Raketenstellung des Irak zerstört hatten? Aber es dauert nicht lange, bis das Weiße Haus und das Pentagon die Antwort auf solche Fragen parat haben – die heutigen Waffen sind den früheren überlegen, und beim nächsten Mal machen wir unsere Sache noch besser. »Der technologische Fortschritt hat das Militär effizienter gemacht«, frohlockte *Time* am 2. Dezember 2002. Die größte Täuschung des

Golfkriegs aber war nicht technischer, sondern psychologischer Natur – und vermutlich sollte das auch für einen Krieg gegen den Irak 2003 gelten. Wie groß auch immer die Spannungen zwischen Presse und Staat sein mögen, letztlich funktionieren die US-Medien und Washingtons Regierungsvertreter als Koproduzenten von Illusionen. »Die Bush-Regierung manipulierte die erste und oftmals nachhaltigste Wahrnehmung der Operation ›Desert Storm‹«, schrieb Sloyan, »indem sie kein einziges Foto oder Video mit einem Toten produzierte. Diese keimfreie, unblutige Darstellung durch die militärischen Briefings ließ die Welt in dem Glauben, ›Desert Storm‹ sei ein Krieg ohne Tote.«

Derartige Unterstellungen würden die Angehörigen der schätzungsweise 100 000 Iraker, die während der Operation Wüstensturm ihr Leben verloren, gewiss überraschen. (Sind Kriegsopfer erst einmal auf runde Zahlen reduziert, ist es schwierig, noch die realen Menschen dahinter zu sehen. »Der Tod eines einzelnen Menschen ist eine Tragödie«, sagte Stalin angeblich 1945 in Potsdam, »der von Millionen aber eine statistische Größe.«) Eine zentrale Frage allerdings lautet, weshalb man es für notwendig erachtet, die Befürworter eines Krieges gegen den Irak vor den einfachsten Grundtatsachen eines jeden Krieges zu schützen, obwohl in Umfragen eine Mehrheit diesen Krieg befürwortet. Möglicherweise ist die Erklärung dafür, dass diese Unterstützung unter dem Eindruck realitätsnaher Informationen zusammenbrechen könnte, besonders wenn diese Information nicht nur intellektuelle, sondern auch emotionale Schichten ansprechen würde.

»Das eingestandene Ziel der USA, einen Regimewechsel im Irak herbeizuführen, bedeutet, dass jeder neue Konflikt weitaus intensiver und zerstörerischer sein wird als der Golfkrieg [von 1991] und dass dabei mehr in der Zwischenzeit entwickelte tödliche Waffen zum Einsatz kommen werden«, stand in einem Bericht zu lesen, der Mitte November 2002 von Gesundheitsexperten der Organisation

Medact und Mitarbeitern der Internationalen Ärzte für die Verhütung des Atomkriegs herausgegeben worden war. »Zudem ist der mentale und körperliche Gesundheitszustand der gewöhnlichen irakischen Bevölkerung weitaus schlechter als 1991, was sie dieses Mal viel anfälliger macht.« Der Bericht, der die »wahrscheinlichen Auswirkungen eines neuen Irak-Kriegs unter dem Aspekt der öffentlichen Gesundheit« untersuchte, kam zu dem Schluss, dass »glaubwürdige Schätzungen über die mögliche Zahl der Opfer auf allen Seiten während des Konflikts und in den drei Folgemonaten von 48 000 bis zu 260 000 Toten reichen. Durch einen Bürgerkrieg innerhalb des Irak könnten weitere 20 000 Tote hinzukommen. In der Nachkriegszeit könnten bis zu 200 000 Menschen an den Spätfolgen kriegsbedingter Erkrankungen sterben. Falls Atomwaffen eingesetzt würden, könnte die Anzahl der Opfer auf 3 900 000 Tote steigen. In allen Szenarien wird die Mehrheit der Opfer in der Zivilbevölkerung zu finden sein.«

Auch wenn solche Schätzungen auf den bestmöglichen ärztlichen Expertisen beruhen, so können sie doch nicht mehr als fundierte Mutmaßungen sein. Das tatsächliche Ausmaß der humanitären Katastrophe kann sich als größer oder kleiner erweisen. Aber für Millionen von Menschen besteht ein enormes Risiko. Was die Entscheidungsträger in Washington nicht am Würfeln hindern wird.

Reese Erlich:

Die Ölfrage

Auf großen Demonstrationen gegen eine US-Intervention im Irak sieht man immer Plakate mit dem altbekannten Slogan »Kein Krieg für Öl«. Viele Leute glauben, das Öl habe eine zentrale Rolle bei militärischen Entscheidungen über den Irak gespielt und werde dies auch in Zukunft tun. Schließlich verfügt der Irak erwiesenermaßen über Erdölreserven von 112 Milliarden Barrels, die zweitgrößten Vorräte der Welt nach Saudi-Arabien. Wenn die USA in den Irak einmarschieren und ihn besetzen würden, weshalb sollten dann amerikanische Ölfirmen nicht Verträge abschließen und Profite machen? Eine proamerikanische Regierung in Bagdad würde US-Ölkonzernen auch weitaus mehr Kontrolle über den Weltölmarkt ermöglichen. Insofern spielen Erdölinteressen eine bedeutende Rolle bei den Entscheidungen der US-Politik.

Tatsächlich glauben 22 Prozent der Amerikaner einer Umfrage vom Dezember 2002 zufolge, dass Öl der Hauptgrund für einen militärischen Einsatz gegen den Irak darstellt (*New York Times* vom 5.12.02).

Doch diese Behauptung löst in Washington sowie in großen Teilen der amerikanischen Medien oft nur Spott aus.

David Ignatius, Redakteur der *International Herald Tribune*, schrieb:»Ranghohe Vertreter der Bush-Regierung sind so mit der Sorge um Massenvernichtungswaffen beschäftigt, dass sie den Erdölinteressen im Irak kaum Aufmerksamkeit geschenkt haben. Tatsächlich heißt es sogar, US-Ölgesellschaften fürchteten, sie könnten von lukrativen Nachkriegsgeschäften ausgeschlossen werden.« (*Washington Post* vom 18.10.02)

Amerikanische Reporter, Experten und Internet-Kommentatoren weisen die Idee, politische und militärische Entscheidungen der USA könnten von Ölinteressen beeinflusst werden, verächtlich von sich. Im Wirtschaftsteil europäischer und amerikanischer Zeitungen jedoch sickert gelegentlich eine andere Sichtweise durch. Wir wollen uns die Kernthesen einmal genauer ansehen.

Erdöl spielt eine entscheidende Rolle in den politischen und militärischen Entscheidungen anderer Länder, nicht jedoch in denen der USA.

In zahlreichen Darstellungen einflussreicher Medien in den USA wird die Auffassung vertreten, dass Erdölinteressen die Irak-Politik anderer Staaten mit prägen.

Die französische Ölgesellschaft Total Fina Elf beispielsweise hat Rechte auf die Ausbeutung irakischer Ölfelder mit einem geschätzten Gesamtvorkommen von über zehn Milliarden Barrels erworben. Frankreich präsentierte für 2001 stolz ein Handelsvolumen von 1,5 Milliarden Dollar mit dem Irak. Diese Faktoren werden oft als Hauptgrund genannt, weshalb Frankreich sich so massiv für eine Änderung der von Amerika eingebrachten Irak-Resolutionen im Sicherheitsrat einsetzte.

Der Irak hat Russland gegenüber geschätzte acht Milliarden Dollar Auslandsschulden; die russische Gesellschaft Lukoil hatte eine Übereinkunft über 3,8 Milliarden Dollar zur Instandsetzung und Neuerschließung irakischer Ölfelder abgeschlossen. Am 12. Dezember 2002 gab der Irak, offenbar aus Verärgerung über die Zusammenarbeit Russlands mit den USA, die Kündigung des Vertrags bekannt.

Vielleicht versprachen US-Vertreter Putin zukünftige Öllieferverträge als Verhandlungsköder für die Zustimmung zu einer US-Invasion. In Anspielung auf die Ölgeschäfte des Landes mit dem Irak erklärte Präsident Bush im russischen Fernsehen: »Selbstverständlich wird man diese Interessen berücksichtigen.«

»Die Russen haben eindeutig Interessen im Irak«, erzählte der ehemalige US-Botschafter in Moskau, James Collins, der *Washington Post*. »Die Frage, die sich uns stellt, ist, wie diese Interessen anerkannt und geschützt werden können. Wenn man will, dass Russland einen US-Krieg im Irak akzeptiert, dann braucht man eine Formel, um sie zu schützen.« (*Washington Post* vom 13. 10.02)

Überlegungen zum Erdöl können zwar ganz gewiss die politischen Entscheidungen anderer Regierungen beeinflussen, doch die Verbindungen zwischen der Bush-Regierung und der Ölindustrie sind nach mehrheitlicher Ansicht der Medien ohne Bedeutung. Das ist umso seltsamer, wenn man bedenkt, dass George W. Bush eine Ölgesellschaft leitete, Vizepräsident Dick Cheney CEO des Öl-Serviceunternehmens Halliburton und die Nationale Sicherheitsberaterin Condoleezza Rice Mitglied des Aufsichtsrats von Chevron war.

Wenn amerikanische Ölgesellschaften irakisches Öl wollten, würden sie es einfach kaufen. Dafür muss man nicht in den Krieg ziehen.

Einige Anhänger der Bush-Regierung fragen provozierend, weshalb US-Ölgesellschaften, wenn sie unbedingt Öl vom Irak beziehen wollten, es nicht einfach kaufen sollten. Wenn die Ölgesellschaften die US-Politik wirklich kontrollieren würden, würden sie dem Beispiel ihrer europäischen Pendants folgen und ein Ende der Sanktionen gegen den Irak fordern, um Handelshemmnisse aus dem Weg zu räumen.

Bei genauerem Hinsehen stellt sich heraus, dass US-Konzerne

genau das bis in die Achtzigerjahre getan haben. Als der Irak 1972 ausländische Ölholdings verstaatlichte, versetzte das amerikanische und europäische Ölgesellschaften in einigen Aufruhr, doch sie lernten alsbald mit ihrer Frustration umzugehen. Von nun an kauften sie Öl von der nationalisierten irakischen Ölgesellschaft, ohne sich sonderlich um Saddam Husseins Unterdrückung des eigenen Volks oder den militärischen Einsatz von Giftgas gegen iranische Truppen und irakische Kurden zu kümmern. Geschäft war Geschäft. Nach 1991 jedoch untersagten die Sanktionen als Teil der amerikanischen Bestrebungen zum Sturz von Saddam Husseins Regierung den US-Ölgesellschaften Investitionen im Irak und den Kauf von irakischem Öl, sofern sie nicht im Rahmen des UN-Programms Öl für Lebensmittel gebilligt worden waren.

Das wird die amerikanischen Öl-Manager frustriert haben, die zusehen mussten, wie lukrative Verträge an Gesellschaften in Ländern verloren gingen, die sich nicht in einem politischen Konflikt mit dem Irak befanden. Dick Cheney beispielsweise forderte in seiner Zeit als Halliburton-CEO eine Aufhebung der Sanktionen, bevor er sich 2000 auf Bushs Kandidatenliste setzen ließ

Angesichts eines unmittelbar drohenden Kriegs eröffnen sich für US-Ölgesellschaften zweifellos Perspektiven, die weit über die begrenzten Profite hinausreichen, welche durch den Kauf von Öl von einer verstaatlichten Gesellschaft zu erzielen sind. Falls eine proamerikanische Regierung die irakischen Ölvorkommen wieder privatisieren würde, dann winkten den US-Firmen Milliarden von Dollars, indem sie die Industrie unter sich aufteilten. Außerdem würden diese Gesellschaften dadurch die Kontrolle über die gewaltige Ölproduktion des Irak erhalten, die auf eine optimale Förderung von zehn Millionen Barrels pro Tag geschätzt wird, sobald das Land sich vom Krieg erholt hat.

Saudi-Arabien liefert heute nur 17 Prozent des amerikanischen Öls, aber es spielt eine Schlüsselrolle auf dem Weltmarkt. Da Saudi-Arabien schätzungsweise 25 Prozent der weltweiten Erdölvorräte kontrolliert, wirken sich seine Entscheidungen über eine Steigerung oder Drosselung der Produktion unmittelbar auf die Profite amerikanischer Ölgesellschaften aus. Saudi-Arabien war ein unerschütterlicher Verbündeter der USA, geriet jedoch in jüngster Zeit nach den Terrorangriffen vom 11. September 2001 in New York und Washington ins Visier der Kritik. Wenn die USA eine Vasallenregierung in Bagdad installieren würden, hätten die amerikanischen Ölkonzerne einen weitaus größeren Einfluss auf die Weltmarktpreise. Und die OPEC – mit Saudi-Arabien als einem ihrer führenden Mitglieder – würde deutlich an Einfluss verlieren.

»Wenn man im Irak einen Regimewechsel bewirkt und eine USA-freundlichere Regierung einsetzt«, so der Ölanalyst Philip J. Flynn zur *New York Times*, »dann werden die Zapfhähne aufgedreht und es wird sehr viel schwieriger für die OPEC, die Preise zu kontrollieren.« (*New York Times* vom 24.11.02)

Das Interesse großer Erdölfirmen beschränkt sich nicht allein auf das Erzielen eines erklecklichen Gewinns; um ihren Profit zu maximieren, müssen sie den Weltmarkt so weit wie möglich kontrollieren. Das bedeutet die Kontrolle über das Öl am Bohrturm, in der Raffinerie, in den Verteilungsnetzen und auf der Einzelhandelsebene. Es bedeutet auch, dass man die Konkurrenz unter Druck setzt.

Mark Flannery, ein Ölfachmann der Credit Suisse First Boston, führte im Internet-Nachrichtendienst MSNBC aus, inwiefern amerikanische Ölfirmen von einer Besetzung des Irak durch die USA profitieren würden.

»Wenn die eigenen Panzer das Regime gestürzt haben und man 50 000 Soldaten im Land stehen hat, [...] dann wird man die größten Kuchenstücke abbekommen. So funktioniert die Sache nun einmal. Die Franzosen werden ein paar Männer und einen Panzer aus den Fünzigerjahren haben. So funktioniert es eben nicht.« (MSNBC vom 11.11.02)

Selbst wenn US-Firmen von einer amerikanischen Invasion zu profitieren hoffen, so sind ihnen doch keine konkreten Geschäfte versprochen worden.

Ein Kolumnist der *Washington Post* zitiert irakische Oppositionsgruppen mit den Worten, sie würden nach dem Sturz Saddam Husseins bestehende Ölabkommen überprüfen, »warnten aber, US-Gesellschaften würden keine Vorzugsbehandlung erhalten. ›Wir befinden uns im Jahr 2002, nicht in den Dreißiger- oder Vierzigerjahren‹, sagte Salah al-Shaikhly, ein ranghoher Offizieller des oppositionellen Irakischen Nationalabkommens (INA). ›Keine irakische Regierung würde länger als 24 Stunden überleben, wenn sie so etwas zuließe.‹« (*Washington Post* vom 18.10.02)

Offenbar entspricht das nicht der Auffassung von Ahmed Chalabi, dem Führer des Irakischen Nationalkongresses, den manche westliche Politiker gerne als nächsten Präsidenten des Landes sähen. Im Oktober 2002 traf er dem Londoner *Observer* zufolge mit Vorstandsmitgliedern dreier mächtiger US-Konzerne zusammen, »um über die Verteilung der gewaltigen irakischen Ölreserven nach Saddams Vertreibung zu verhandeln«. (3.11.02)

In dem Artikel stand zu lesen, russische, französische und chinesische Ölgesellschaften fürchteten, »aus der Ölindustrie im Irak nach Saddam verdrängt zu werden. [...] Chalabi stellte klar, dass er die USA für den Sturz Saddams mit lukrativen Ölverträgen belohnen würde.« Der *Observer* machte diese Treffen zum Teil deshalb publik, weil auch British Petroleum besorgt war, es könnte von diesen lukrativen Verträgen ausgeschlossen werden.

Chalabi zur *Washington Post*: »Amerikanische Gesellschaften werden eine große Portion des irakischen Öls erhalten.« (*Washington Post* vom 15.9.02)

Wer auch immer am Ende die Bohrtürme und Raffinerien besitzen wird, die US-Serviceanbieter stehen Gewehr bei Fuß, um Verträge für den Wiederaufbau der Ölindustrie an Land zu ziehen. Durch Sanktionen und Kriegsschäden ist die Ölproduktion im Irak drastisch zurückgegangen. Nach einem Bericht der Deutschen Bank haben die US-Serviceanbieter Schlumberger und Halliburton gute Chancen, Verträge im Wert von 1,5 Milliarden Dollar über den Wiederaufbau der Ölindustrie zu erlangen. (*New York Times* vom 26.10.02)

Die »Dahinter-steckt-nichts-als-eine-Verschwörung«-Theorie.

Die Forderung »Kein Krieg für Öl« wird oft mit der Behauptung abgetan, daß sich dahinter eine Verschwörung verberge. Wir behaupten nicht, gierige Manager von Ölgesellschaften würden täglich im Weißen Haus anrufen und nach Krieg schreien. Wir besitzen keinerlei Insiderwissen über irgendwelche Treffen von Ölmanagern mit dem Weißen Haus, sofern denn welche stattgefunden haben. Falls esallerdings zu Gesprächen kommen sollte, so wird gewiss der Mantel des Schweigens über sie gebreitet. Vizepräsident Cheney würde einer Vorladung des Generalbundesanwalts mit der Aufforderung, die Geschäftsführer von Energiegesellschaften aufzulisten, mit denen er 2001 über Energiepolitik diskutiert hat, nicht Folgekosten, man kann also wohl davon ausgehen, dass Informationen über die gegenwärtige Situation noch sorgsamer gehütet werden.

Allerdings ist eine geheime Intrige zu diesem Zweck auch gar nicht erforderlich. Die amerikanische Regierung fördert – sowohl unter republikanischer wie unter demokratischer Flagge – ganz offen die Kontrolle über ausländische Ölressourcen als integralen Bestandteil amerikanischer »Nationalinteressen«. Irgendwie hat man den kontinuierlichen Gewinnfluss amerikanischer Ölgesellschaften gleichgesetzt mit dem Bedarf normaler Menschen an Elektrizität und Transportmitteln.

Dabei profitieren die Amerikaner gar nicht von der Kontrolle von US-Gesellschaften über den Weltölmarkt. Wir hätten eine höhere Lebensqualität, wenn wir weniger fossile Brennstoffe verbrauchen würden. Wir könnten den Benzinverbrauch mit Leichtigkeit reduzieren, wenn wir bessere Verbrauchswerte bei Neuwagen gesetzlich verordneten und öffentliche Transportmittel förderten. Viele umweltfreundliche Energiequellen sind mittlerweile auch ökonomisch rentabel geworden (Windkraft, kleine Hydroelektrikprojekte, Erdwärmesysteme). Andere Arten der Energiegewinnung wie die aus Sonnenkraft oder aus Biomasse sind noch immer teuer, könnten sich aber bei politischer Förderung schnell entwickeln. Die Steuergesetzgebung hat über Jahre hinaus Öl- und Kohlegesellschaften subventioniert. Es wäre zumindest einleuchtend, wenn Subventionen der Regierung in diese alternativen Energiequellen flössen, bis sie ökonomisch besser mit fossilen Brennstoffen konkurrieren können.

Öl ist nicht der einzige Grund für einen Krieg.

Öl ist, wie in diesem Kapitel aufgezeigt wurde, ein machtvoller Entscheidungsfaktor in der langfristigen Politik gegenüber dem Irak. Aber es ist nicht der einzige.

Geopolitische Faktoren: Präsident Bush hat den Kampf der USA gegen die so genannte »Achse des Bösen« verkündet, zu der der Irak, der Iran und Nordkorea zählen. Der Rest der Welt – und viele Amerikaner – schüttelte den Kopf, als er von dieser Zwangsverbindung zwischen zwei historischen Erzfeinden (dem weltlichen Irak und der Islamischen Republik Iran) und einem stramm marxistisch-leninistischen Staat erfuhr. Mittlerweile wird Präsident Bushs scheinbar aberwitzige Strategie jedoch klarer. Die drei Staaten sind zwar kaum Verbündete, doch die Bush-Regierung würde eindeutig vom Sturz einer jeden dieser Regierungen profitieren.

Falls die USA in den Irak einmarschieren und ihn besetzen, werden die anderen Staaten in der Region einem ungeheuren Druck ausgesetzt. Der Iran wird mit Zehntausenden feindlicher Soldaten an seiner Grenze konfrontiert sein und Befürchtungen wegen einer möglichen amerikanischen Invasion hegen. Der Irak ist ein Hauptunterstützer der palästinensischen Intifada. Die israelische Regierung wird sich gestärkt fühlen und noch mehr Angriffe gegen die Palästinenser führen, die um Selbstbestimmung kämpfen.

Militärische Expansion: Erinnern Sie sich an die Friedensdividende? Nach dem Ende des Kalten Kriegs sollten die Amerikaner von der Schließung von Militärstützpunkten zu Hause und rings um den Erdball profitieren. Hätte man auf diese Dividende einen Scheck ausgestellt, dann wäre er geplatzt. Mit jedem Krieg öffnen die USA »vorübergehend« neue Militärbasen, aus denen alsbald ständige werden. Seit dem Afghanistan-Krieg haben die USA in sechs neuen Ländern in der Region Militärstützpunkte errichtet oder Landerechte für ihre Flugzeuge erworben. Seitdem die USA für den Krieg gegen den Irak aufmarschieren, haben sie neue Einrichtungen in Katar, Jordanien, im Jemen und in Dschibuti eröffnet oder geplant. In der Türkei, Saudi-Arabien, Kuwait, Oman und Bahrain wurden bestehende Stützpunkte ausgebaut oder die Truppenstärke vergrößert.

Ausgedehnte Militärstützpunkte und riesige Flugzeugträger eignen sich zwar nicht besonders für die Bekämpfung kleiner Gruppen von Terroristen, aber sie sorgen für die Verbreitung amerikanischer Wirtschafts- und Politikinteressen bis in den letzten Winkel des Erdballs. Amerikanische Erdölgesellschaften würden nicht über die Aufteilung irakischer Ölfelder sprechen, wenn nicht das US-Militär das Tranchiermesser dafür in der Hand hätte.

Krieg als Ablenkungsstrategie: Viele Leute glauben, dass die Bush-Regierung die Kriegsbegeisterung schürt, um von häuslichen Problemen abzulenken und den Republikanern bei Wahlen zum Sieg zu verhelfen. Innenpolitische Überlegungen beeinflussen zweifellos auch die amerikanische Irak-Politik. Deshalb nimmt Bushs ranghoher politischer Ratgeber Karl Rove an wichtigen internationalen Politikdiskussionen teil. Bei den Wahlen im November 2002 zahlte sich eine harte Haltung gegenüber Saddam Hussein offenbar an den Urnen aus, teilweise wohl auch deshalb, weil prominente demokratische Führer sich weigerten, ernstlich gegen die Kriegspläne zu opponieren. Sobald Ölinteressen, geopolitische Faktoren und militärisches Expansionsstreben eine aggressive Politik gegenüber dem Irak diktieren, ist der innenpolitische Gewinn eine hübsche zusätzliche Dividende.

Worauf wir in Zukunft achten müssen:

Als dieses Buch geschrieben wurde, waren die USA noch nicht im Irak einmarschiert. Die Bush-Regierung wie ihre Hurrapatrioten in den Medien haben das Ölthema ignoriert oder heruntergespielt. Vermutlich wird sich daran auch nach einem »Regimewechsel« im Irak nichts ändern. Behalten Sie diese Fragen im Auge und fordern Sie darüber Rechenschaft von den Politikern und Medien.

- Welche internationalen Gesellschaften erhalten Verträge über den Wiederaufbau der irakischen Ölindustrie? Welcher Prozentsatz davon entfällt auf Amerikaner, Briten und Kontinentaleuropäer? Welchen Prozentsatz erhalten Länder, die die US-Invasion nicht unterstützten?
- Wird die Ölindustrie des Irak privatisiert? Wer kauft sich ein und zu welchem Preis? Aus welchen Ländern kommen die neuen Eigentümer, und haben ihre Regierungen den von den USA betriebenen Krieg unterstützt?
- Welche internationalen Firmen erhalten Verträge zur Wiederankurbelung der irakischen Ölproduktion, falls die Ölindustrie nicht privatisiert wird? Handelt es sich dabei um

Service-Verträge, bei denen eine Gesellschaft ein Honorar erhält, die Iraker jedoch den Gewinn behalten? Oder basieren die Verträge auf »Produktionsanteilen«, bei denen die multinationalen Konzerne die Profite verteilen? (Hinweis: Ölgesellschaften verdienen weniger an Service-Verträgen.)

- Was wird aus bestehenden Erdölverträgen mit russischen, französischen und chinesischen Konzernen?

Nachwort

von Sean Penn

Ein offener Brief an den Präsidenten der Vereinigten Staaten von Amerika, der am 18. Oktober 2002 als Anzeige in der *Washington Post* veröffentlicht wurde:

Guten Morgen, Mr. Bush!

Wie Sie bin auch ich Vater und Amerikaner. Wie Sie halte auch ich mich für einen Patrioten. Wie Sie war ich schockiert über die Ereignisse des vergangenen Jahres und in großer Sorge um meine Familie und mein Land. Dennoch glaube ich nicht an eine vereinfachende und aufhetzende Polarisierung von Gut und Böse. Ich glaube vielmehr, dass wir in einer großen Welt voller Männer, Frauen und Kinder leben, die dafür kämpfen, zu essen, zu lieben, zu arbeiten und ihre Familien, ihre Überzeugungen und ihre Träume zu schützen. Mein Vater wurde wie der Ihre für seine Dienste im Zweiten Weltkrieg ausgezeichnet. Er erzog mich im tiefen Glauben an die Verfassung und die Grundrechte, die für alle Amerikaner gelten sollten, welche sich für ihre Aufrechterhaltung opfern, sowie prinzipiell für alle menschlichen Wesen.

Viele Ihrer bisherigen Handlungen wie auch die für die Zukunft angekündigten verletzen offenkundig jedes Grundprinzip des Landes, dessen Präsident Sie sind; die Intoleranz in der Diskussion (»mit oder gegen uns«), die Marginalisierung Ihrer Kritiker, die Verbreitung von Angst durch haltlose Behauptungen, die Manipulation willfähriger Medien und der Abbau bürgerlicher Rechte durch Ihre Regierung stehen sämtlich in eklatantem Widerspruch zu dem Patriotismus, auf den Sie sich berufen. Ihr Führungsanspruch ist gleichsam auf Blut gebaut. Sehen Sie sich Ihre eifrigsten Anhänger in den Medien doch einmal genauer an. Dann werden Sie die Angst in ihren Augen erkennen, wenn sie mit jener unterschwelligen Wut und Panik ihre Unterstützung ausposaunen, die sich gern als »knallhartes Klartextreden« maskiert und sich historisch oft genug als katastrophal erwiesen hat. Wie fern ist uns das Verständnis dafür, was es bedeutet, einen Mann, eine Frau, ein Kind zu töten, geschweige denn, was sich hinter den »Kollateralschäden« vieler Hunderttausender verbirgt. Oft legt sich ein merkwürdiges Lächeln auf Ihr Gesicht, wenn Sie von »einer neuen Art von Krieg« sprechen. Es beunruhigt mich, dass Sie von uns verlangen, alle früheren Lektionen der Geschichte über Bord zu werfen, um stattdessen Ihnen blind in die Zukunft zu folgen. Es beunruhigt mich, denn obwohl Sie nur das Beste wollten, ist bereits ein ungeheurer ökonomischer Reichtum verschleudert worden. Ihre Regierung hat selbst grundlegendste Überlegungen zum Umweltschutz außer Acht gelassen, sodass man sich des Eindrucks nicht erwehren kann, dass Sie auch unsere Kinder zu opfern gewillt sind, so wie Sie scheinbar gewillt sind, die Kinder der Welt zu opfern. Ich weiß, dass das nicht Ihr Ziel sein kann, daher bitte ich Sie, Herr Präsident, hören Sie Gershwin, lesen Sie Stegner, Saroyan und die Reden von Martin Luther King. Denken Sie an Amerika. Denken Sie an die irakischen Kinder, an unsere Kinder und an Ihre eigenen.

Es kann keine Rechtfertigungen für die Taten der al-Qaida geben. Niemals. Keine Akzeptanz der verbrecherischen Bösartigkeit des Tyrannen Saddam Hussein. Doch dass Bomben mit Bomben, Verstümmelung mit Verstümmelung, Morden mit Morden beantwortet werden, dieses Muster kann nur ein großes Land wie das unsere durchbrechen. Dennoch kann man Prinzipien nicht unter dem Vorwand, sie zu schützen, aus Skrupellosigkeit oder Gier über Bord werfen.

Es ist keine leichte Aufgabe, einen Krieg zu vermeiden und zugleich die nationale Sicherheit zu gewährleisten. Aber Sie erinnern sich gewiss daran, dass wir Amerikaner einmal ein kleines Raketenproblem auf Kuba hatten. Wir sollten uns der Zurückhaltung Kennedys (und des Atom-U-Boot-Kapitäns Archipow) befleißigen. Massenvernichtungswaffen stellen eindeutig, egal in wessen Händen, eine Bedrohung für die ganze Welt dar. Wir als Amerikaner müssen uns fragen, ob nicht viele Länder in der Golfregion den meisten Grund zur Sorge hätten, denn die Möglichkeit, dass Saddam Hussein solche Waffen besitzt, bedroht nicht nur unser Land (tatsächlich ist seine Abschusstechnologie wohl gar nicht ausreichend entwickelt). Warum aber gehören die Vereinigten Staaten unter Ihrer Regierung dann zu der kleinen Minderheit von Staaten, die einen Präventivschlag gegen den Irak befürworten?

Einfach gesagt, Sir: Lassen Sie uns wieder Inspektionsteams entsenden, die Saddams Angriffsfähigkeit außer Gefecht setzen. Wir gewinnen dadurch Zeit, wahren unsere Prinzipien hier und im Ausland und verlangen uns selbst die Cleverness ab, die stärkste diplomatische Macht auf dem Planeten, vielleicht sogar in der Geschichte des Planeten, zu sein. Wir werden sehen, was dann geschieht. Sie sind ein Mann des Glaubens, aber Ihr Säbelrasseln erschüttert den Glauben vieler Amerikaner an Sie.

Ich verstehe, was für eine ungeheure Herausforderung es sein muss, heute an Ihrer Stelle zu stehen. Als Vater zweier kleiner Kinder, die in jener Welt leben werden, welche wir heute durch unsere Entscheidungen gestalten, bleibt mir keine andere Wahl, als zu glauben, dass Sie sich letztlich als großer Präsident erweisen werden. Die Geschichte hält ein solches Schicksal für Sie bereit. Ich bitte Sie also noch einmal inständig, Herr Präsident, helfen Sie, Amerika zu retten, bevor Sie ein Vermächtnis der Schande und des Grauens hinterlassen. Zerstören Sie nicht die Zukunft unserer Kinder. Wir werden Ihnen beistehen. Sie aber müssen uns beistehen, Ihren amerikanischen Mitbürgern und tatsächlich auch der ganzen Menschheit.

Schützen Sie uns vor dem Fundamentalismus im Ausland, aber verschließen Sie nicht die Augen vor dem Fundamentalismus eines deformierten Staatsbürgersinns, der durch den Verlust bürgerlicher Rechte, durch die vom Kongress gefährlich vermehrte Autonomie des Präsidenten und durch den allgegenwärtigen Irrglauben dieses Landes, es sei zum Weltpolizisten »offenkundig berufen«, beschädigt wird. Wir wissen, dass die Amerikaner wütend sind und Angst haben. Dennoch kann es sich als höchst kurzfristiges Heilmittel erweisen, amerikanische Soldaten oder unschuldige Zivilisten in einem nicht dagewesenen Präventivschlag gegen eine souveräne Nation zu opfern. Auf der anderen Seite können Sie auf lange Sicht durchaus triumphieren, wenn Sie zur Unterstützung Ihrer Führung auf das Beste in diesem Land bauen und ein starkes, rücksichtsvolles und zivilisiertes Amerika verkörpern. Führen Sie uns dorthin, Herr Präsident, und wir werden Ihnen die Treue halten.

***

Die folgende Erklärung verlas Sean Penn auf einer Pressekonferenz in Bagdad am 15. Dezember 2002:

Ich bin Bürger der Vereinigten Staaten von Amerika. Ich glaube an die Verfassung der Vereinigten Staaten und an das amerikanische Volk. Unsere Regierung ist »vom« Volk eingesetzt und soll »für« das Volk handeln. Ich bin Teil dieses Volkes und nehme insofern eine privilegierte Stellung ein.

Insbesondere genieße ich das Privileg, meine Kinder in einem Land mit hohen Gesundheits-, Fürsorge- und Sicherheitsstandards zu erziehen. Ich genieße außerdem das Privileg einer Verfassung, die mir meine Träume und meinen Wohlstand ermöglicht hat.

Im Gegenzug für diese Privilegien fühle ich mich als Amerikaner wie als Mensch verpflichtet, bis zu einem gewissen Grad persönliche Verantwortung für die Politik meiner Regierung zu übernehmen, ob ich diese nun billige oder nicht. Anders gesagt, wenn es einen Krieg gegen den Irak geben wird oder wenn die Sanktionen aufrechterhalten werden, dann wird das Blut von Amerikanern und Irakern gleichermaßen an unseren Händen kleben.

Ich habe diese Reise hierher unternommen, um mir persönlich das Gesicht des irakischen Volks einzuprägen, damit sein Blut – zusammen mit dem der amerikanischen Soldaten – nicht unsichtbar würde an meinen eigenen Händen. Ich sitze heute hier mit Ihnen zusammen in der Hoffnung, dass jeder von uns auf seine Weise zu einer friedlichen Lösung des aktuellen Konflikts beitragen mag.

Anhang

I. Eine Sensationsmeldung, die man am liebsten vergäße: Der Spionageskandal der Vereinten Nationen mausert sich von der Tatsache zur Behauptung.

Von Seth Ackerman
Mitautor bei FAIR (Fairness & Accuracy in Reporting)

Nichts lässt eine Zeitung stolzer dastehen als ein saftiger außenpolitischer Knüller. Es sei denn, dieser große Wurf endet mit unbequemen Fragen zur Kriegslüsternheit einer amerikanischen Regierung.

Im Jahr 1999 ließen die großen Zeitungen auf ihren Titelseiten als Aufmacher Enthüllungsgeschichten aus der Sparte des investigativen Journalismus erscheinen, in denen berichtet wurde, die CIA habe UN-Waffeninspekteure, die damalige UNSCOM (United Nations Special Commission), insgeheim als Spione missbraucht, um im Irak eigene geheimdienstliche Interessen zu verfolgen. »Offizielle Vertreter der Vereinigten Staaten haben heute erklärt, dass in den Inspektionsteams der Vereinten Nationen amerikanische Spione verdeckt ermittelt hätten«, berichtete die *New York Times* am 7. Januar 1999. Der *Washington Post* vom 2. März 1999 zufolge hatten die Vereinigten Staaten »über drei Jahre hinweg die Waffenkontrollteams der Vereinten Nationen mit Agenten und Spionageausrüstungen unterwandert, um das irakische Militär ohne Wissen der Behörde abzuhören.« Verdeckt ermittelnde amerikanische Agenten »unternahmen Quellen der Vereinigten Staaten und der Vereinten Nationen zufolge eine ehrgeizige Spionageoperation mit dem Ziel, den irakischen Geheimdienstapparat zu infiltrieren und die Pläne des irakischen Führers Saddam Hussein aufzudecken«, schrieb der *Boston Globe* am 6. Januar 1999. In allen drei Fällen zierten die Meldungen die Titelseite der jeweiligen Zeitung.

Anfänglich versuchten offizielle amerikanische Regierungsvertreter die Berichte zu dementieren, doch als immer mehr Einzelheiten ans Licht kamen, »nahmen die Sprecher von CIA, Pentagon, Weißem Haus und State Department davon Abstand, ihre kategorischen Dementis zu wiederholen« (*Washington Post* vom 2. März 1999). Im Frühjahr 1999 schließlich war die von den drei großen Zeitungen kolportierte UNSCOM-Spionage auch bei den anderen Blättern akzeptiert und wurde gelegentlich sogar verteidigt: »Experten erklären, es sei naiv zu glauben, dass die Regierung der Vereinigten Staaten oder irgendeines anderen Landes die sich durch die UN-Kommission bietende günstige Gelegenheit, Spionage in einem Land zu betreiben, das den Golfkrieg von 1991 provoziert und sich seither fortgesetzt mit amerikanischen und britischen Streitkräften angelegt hat, nicht nutzen würde«, heißt es in einem Artikel in *USA Today* vom 3. März 1999.

Unliebsame Erinnerungen

Nun aber, da die Bush-Regierung die Berichte der Inspekteure zum Kernpunkt ihrer Begründung für die Notwendigkeit eines Krieges gerückt hat, sind dieselben Zeitungen merklich zögerlich geworden, wenn es darum geht, sich an die Spionagevergangenheit der UNSCOM zu erinnern. Der Spionageskandal hat der Glaubwürdigkeit der Inspektionen schwer geschadet, insbesondere nachdem Berichte laut wurden, denen zufolge die von der UNSCOM gesammelten Daten später verwendet worden seien, um geeignete Ziele für die Bombardierungen des Irak im Dezember 1998 auszuwählen: »Die mit einer noch nie dagewesenen Fülle an Geheimdienstinformationen aus den Reihen der UNSCOM gesegneten Insider der Nationalen Sicherheit waren rasch zu der Überzeugung gelangt, dass die Bombardierung von Saddam Husseins innerem Apparat den irakischen Führer zum Aufgeben zwingen werde«, schrieb William Arkin in einem politischen Kommentar in der *Washington Post* vom 17. Januar 1999.

Plötzlich wurden Tatsachen, die ihre eigenen Korrespondenten noch drei Jahre zuvor in Gesprächen mit hochrangigen amerikanischen Regierungsvertretern bestätigt hatten, als haltlose Anschuldigungen Saddams gehandelt. Das UNSCOM-Team, erklärte Barbara Crossette von der *New York Times* in einem Artikel vom 3. August 2002, sei ersetzt worden, »nachdem Mr. Hussein die alte Kommission beschuldigt hatte, eine amerikanische Spionageorganisation zu sein, und sich weigerte, mit ihr zu verhandeln.« Dass ihr *Times*-Kollege Tim Weiner Saddams »Anschuldigung« drei Jahre zuvor als Titelstory gebracht hatte, erwähnte sie mit keinem Wort.

»Noch am vergangenen Sonntag bezeichneten irakische Regierungsvertreter die Inspekteure als Spione und beschuldigten sie, ihre Arbeit mutwillig in die Länge zu ziehen«, schrieb der Bagdad-Korrespondent der *Washington Post* in einem Artikel vom 8. September 2002, in dem er seinen Zweifeln an der Kooperationsbereitschaft des Irak Ausdruck verlieh. Der Leser wurde mit keiner Silbe daran erinnert, dass sich Barton Gellman von der *Post* in einer Artikelserie aus dem Jahre 1999 ausführlich mit den Einzelheiten der Spionageaffäre befasst hatte.

»Der Irak beschuldigt einige Inspekteure der Spionage, weil sie während der Waffeninspektionen weiter auf der Lohnliste ihres jeweiligen Landes gestanden haben«, schrieb Elizabeth Neuffer vom *Boston Globe* am 14. September in merkwürdiger Verdrehung der Tatsachen. Sie hätte sich damit brüsten können, dass es Colum Lynch, ihrem damaligen Kollegen beim *Globe* (inzwischen bei der *Washington Post*), weithin als Verdienst angerechnet wurde, am 6. Januar 1999 als erster die UNSCOM-Spionage-Story als Enthüllungsgeschichte auf die Titelseite gebracht zu haben. Aber sie verzichtete darauf. Es fällt schwer, sich des Eindrucks zu erwehren, dass gewisse Medien es lieber sähen, wenn die verdeckte

UNSCOM-Mission niemals ans Licht gekommen wäre. Am Tag nach Barton Gellmans erstem Artikel über den Spionagevorwurf in der *Washington Post*, in dem Kofi Annans Büro als Quelle genannt wurde, brachte sein eigenes Blatt einen flammenden Leitartikel, in dem Annans »feige List« scharf gebrandmarkt wurde (»Messer im Rücken bei den Vereinten Nationen«, 7. Januar 1999), und der dem Generalsekretär der Vereinten Nationen erklärte, seine Berater hätten besser daran getan »ihre Befürchtungen im privaten Kreis« zu äußern, statt sie mit einem Reporter der *Washington Post* zu teilen.

Der UNSCOM Spionageskandal ist kaum als historische Begebenheit zu bezeichnen. Mittelpunkt der Irak-Debatte des Sicherheitsrats der Vereinten Nationen im Herbst 2002 bildete die amerikanische Forderung, die Regeln für die erneute Entsendung von Waffeninspekteure in den Irak zu ändern – weil die bestehenden Regelungen, die der Sicherheitsrat 1999 in einer Atmosphäre diplomatischer Empörung über den Spionageskandal beschlossen hatte, die amerikanische Kontrolle über die Inspektionen behinderten (*Times of London* vom 18. September 2002).

II. Eine kritische Analyse der Bush-Rede vom 7. Oktober 2002 zur Irak-Situation

Ich danke Ihnen für den überaus wohlwollenden und herzlichen Empfang hier in Cincinnati. Es ist mir eine Ehre, heute hier zu sein, und ich freue mich, dass Sie so zahlreich erschienen sind.

Ich möchte mir an diesem Abend ein paar Minuten Zeit nehmen, um mit Ihnen über eine ernsthafte Gefahr für den Frieden zu sprechen, und über Amerikas Entschlossenheit, die Welt bei der Auseinandersetzung mit dieser Gefahr anzuführen.

Diese Gefahr geht vom Irak aus. Sie ist eine unmittelbare Folge der Handlungsweise des irakischen Regimes, seiner Tradition der Aggression und seinem Streben nach einem Arsenal an Schreckenswaffen.

Chris Toensing, Herausgeber des *Middle East Report*: »Das liest sich, als bedrohe der Irak aktiv den Frieden in der Region. Es gibt nicht den geringsten Hinweis darauf, dass der Irak dies tut, oder den Vorsatz hat, solches zu tun. Andere Mächte stören aktiv den Frieden in der Region: Israel versucht, den palästinensischen Widerstand gegen seine Besatzung mit roher Gewalt niederzuschlagen, und die Vereinigten Staaten und Großbritannien haben den Irak im Jahre 2002 sechsundvierzigmal bombardiert, weil ihre Flugzeuge in den beiderseitig vereinbarten Flugverbotszonen von den irakischen Luftabwehrsystemen geortet worden waren. Die meisten unserer ›Freunde‹ in der Region – die Türkei, Saudi-Arabien, Jordanien – haben uns eindringlich aufgefordert, keinen Krieg anzufangen und die Kriegsrhetorik zu entschärfen. Sind sie nicht in einer besseren Postion als wir, zu beurteilen, wodurch ihre Sicherheit bedroht ist?«

> Vor elf Jahren wurde der irakischen Regierung als Bedingung für eine Beendigung des Golfkrieges auferlegt, ihre Massenvernichtungswaffen zu zerstören sowie jede weitere Entwicklung solcher Waffen und alle Unterstützung für terroristische Gruppierungen einzustellen.

Rahul Mahajan, Autor von *The New Crusade: America's War on Terrorism*: »In der Resolution 687 ist auch die Rede von der ›Schaffung einer von Massenvernichtungswaffen und allen Flugkörpern zum Einsatz dieser Waffen freien Zone im Nahen Osten‹ – damit sind auch Israels Atomwaffen mit einer Reichweite von über 200 Kilometern gemeint, sowie Syriens und Ägyptens Kapazitäten an chemischen Waffen und alle nuklearen Kapazitäten, die die Vereinigten Staaten in der Region stationiert haben.«

> Das irakische Regime hat gegen all diese Auflagen verstoßen. Es besitzt und produziert noch immer chemische und biologische Waffen.

As'ad AbuKhalil, Autor von *Bin Laden, Islam & Americas New ›War on Terrorism‹* und Professor für Politikwissenschaft an der California State University in Stanislaus: »Der Präsident übersieht den Beitrag, den die Reagan-Regierung und die seines Vaters – zu deren prominenten Mitgliedern auch Rumsfeld und Cheney gehörten – beim Aufbau von Saddams Arsenal geleistet haben, vor allem auf dem Gebiet der biologischen Kriegsführung.

Toensing: »Als der Reagan-Regierung Beweise dafür vorgelegt worden waren, dass der Irak 1987 und 1988 chemische Waffen gegen die Kurden eingesetzt hatte, blockierte sie eine Resolution des Senats, die vorsah, Sanktionen über den Irak zu verhängen, und fuhr fort, freundschaftliche Beziehungen zu dem Regime zu pflegen.«

James Jennings, Präsident von »Conscience International«, einer humanitären Hilfsorganisation, die seit 1991 im Irak tätig ist: »Die Beweise dafür, dass der Irak Teile seiner eigenen Bevölkerung mit Gas getötet hat, betreffen kein Ereignis aus jüngster Zeit, sondern eines, das vierzehn Jahre zurückliegt. Wenn es 1988 kein hinreichender Grund war, gegen den Irak zu Felde zu ziehen (was die Vereinigten Staaten zu jener Zeit nicht im Entferntesten in Erwägung zogen), so ist es heute sicher erst recht keiner.«

> Es [Saddam Husseins Regime] strebt den Besitz von Atomwaffen an.

Susan Wright, Coautorin von *Biological Warfare and Disarmament: New Problems/New Perspectives*: »Woher weiß Bush das? Das ist so, als hätten die Inspektionen bereits stattgefunden, und wir wüssten um ihr Ergebnis. Von uns wird erwartet, dass uns das Wort der Regierung zu diesem Thema genügt, und wir es akzeptieren, ohne irgendwelche Beweise zu Gesicht zu bekommen. Wir haben keine Möglichkeit, die Richtigkeit dieser Behauptungen zu beurteilen, und das einzige Mittel, dahin zu kommen, ist die Durchführung von Inspektionen. Das einzige Land in der Region, das bekanntermaßen ein Atomwaffenarsenal unterhält, ist Israel.« [Die Regierung erklärt, sie wisse nicht, ob Israel Nuklearwaffen hat: www.commondreams.org/headlines02/0521-06.htm]

Mahajan: »Es gibt nicht den geringsten Beweis dafür, dass der Irak bei seinem Streben nach Atomwaffen irgendetwas erreicht hat. Die armselige Beweislage in dieser Angelegenheit schlägt sich in Behauptungen ohne Angabe von Jahr und Land nieder, beispielsweise in

Blairs Dossier, dem zufolge der Irak bestrebt sei, Uran aus Afrika zu bekommen. Südafrika ist bekanntermaßen das einzige Land auf dem Kontinent, das potenziell über die Mittel zur Anreicherung von Uran auf Waffenqualität verfügt, behauptet aber, den Iran nicht mit Uran versorgt zu haben. Nicht angereichertes Uran aber wird dem Irak wenig nützen, denn Anreicherungsanlagen sind groß, erfordern riesige Investitionen und lassen sich nicht einfach verstecken.«

Es [das irakische Regime] hat Terroristen Unterschlupf und Unterstützung gewährt und Terror gegen sein eigenes Volk ausgeübt.

Die gesamte Welt ist Zeuge einer elf Jahre währenden irakischen Historie des Ungehorsams, des Betrugs und der Unaufrichtigkeit gewesen.

Auch dürfen wir niemals die Ereignisse der jüngsten Geschichte vergessen, die uns noch allzu lebhaft vor Augen stehen. Am 11. September 2001 hat Amerika seine Verletzlichkeit zu spüren bekommen – sogar im Hinblick auf Gefahren, die sich auf der anderen Seite der Erde zusammenbrauen. Damals haben wir uns entschlossen – und wir sind heute entschlossener denn je –, jeder Gefahr aus welcher Quelle auch immer entgegenzuwirken, die Amerika aus heiterem Himmel mit Terror und Leid überziehen könnte.

Kongressangehörige beider Parteien und Mitglieder des UN-Sicherheitsrates stimmen darin überein, dass Saddam Hussein eine Bedrohung für den Frieden darstellt und abrüsten muss. Wir sind uns einig, dass dem irakischen Diktator nicht länger gestattet sein darf, Amerika und die Welt mit furchtbaren Giften, Krankheitserregern, Gasen und Atomwaffen zu bedrohen.

Toensing: »Offenbar pflichten nur zwei Mitglieder des UN-Sicherheitsrates der Aussage bei, dass der Irak ›Amerika und die Welt‹ mit Massenvernichtungswaffen bedroht oder bedrohen wird, womit jede folgende Aussage gelinde ausgedrückt unredlich wird.«

Da wir uns einig sind, was das Ziel angeht, bleibt nur die Frage: Wie können wir es am besten erreichen?
Viele Amerikaner haben berechtigte Fragen geäußert: über das Wesen der Bedrohung. Über die Dringlichkeit des Handelns – und warum wir gerade jetzt besorgt sein sollten? Über den Zusammenhang zwischen der Entwicklung von Schreckenswaffen im Irak und dem allgemeinen Krieg gegen den Terror.
All diese Fragen haben wir innerhalb unserer Regierung ausführlich erörtert. Und heute Abend möchte ich Sie an dieser Diskussion teilhaben lassen.

Toensing: »Bush mag die Zuhörer vielleicht an der Diskussion beteiligen, die Beweislage hat er ihnen allerdings vorenthalten: Das britische Dossier und die CIA-Berichte belegen, dass der Geheimdienst diese Gefahr erst geschaffen hat. Aber diese Dokumente bekommen die Amerikaner offenbar nicht zu sehen.«

Zunächst einmal fragen viele, inwiefern sich der Irak von anderen Ländern oder Regimes unterscheidet, die ebenfalls über ein enormes Waffenarsenal verfügen. Es mag viele Gefahren in der Welt geben, aber die Bedrohung durch den Irak übertrifft sie alle – denn dort sind die größten Gefährdungen unserer Zeit auf engstem Raum versammelt.
Die irakischen Massenvernichtungswaffen werden von einem mordlustigen Tyrannen verwaltet, der bereits Tausende von Menschen mit chemischen Waffen getötet hat. Eben dieser Tyrann hat versucht, die Vorherrschaft über den Nahen Osten zu erlangen, ist in ein kleines Nachbarland einmarschiert und hat es brutal besetzt, hat andere Nationen ohne Vorwarnung angegriffen und empfindet den Vereinigten Staaten gegenüber eine unerbittliche Feindschaft.

Stephen Zunes, Verfasser von *Tinderbox: US Middle East Policy and the Roots of Terrorism* und außerordentlicher Professor für Politikwissenschaft an der University of San Francisco:»Die Feindschaft gegenüber den Vereinigten Staaten ist direkte Folge der amerikanischen Feindschaft gegenüber dem Irak. Der Irak war den Vereinigten Staaten ganz und gar nicht feindselig gesonnen, solange er, wie in den Achtzigerjahren, seine Unterstützung von dort bezog. Die Antwort kann sicher nicht darin bestehen, das tyrannische Regime des Irak zu beschwichtigen, wie dies in der Vergangenheit getan wurde. Aber so zu tun, als habe diese Feindseligkeit nichts mit der Zerstörung eines Großteils der irakischen Infrastruktur und anderen Aktionen während des Golfkriegs zu tun, die weit über das hinausgingen, was nötig gewesen wäre, um die irakischen Truppen aus Kuwait zurückzudrängen, oder mit den von den Vereinigten Staaten maßgeblich betriebenen Sanktionen und deren Folgen für die Zivilbevölkerung, ist in höchstem Maße irreführend.«

AbuKhalil: »Wenn Bush alle Nationen bestrafen will, die ›versucht haben, die Vorherrschaft über den Nahen Osten zu erlangen, in ein kleines Nachbarland einmarschiert sind und es brutal besetzt sowie andere Nationen ohne Vorwarnung angegriffen haben‹, dann sollte er Israel für die Besetzung palästinensischer Gebiete bestrafen, die weit länger andauert, als die inzwischen berühmte (und sehr kurze) irakische Besetzung Kuwaits. Der Irak hat den Iran und Kuwait angegriffen, das steht außer Frage, Israel aber hat im Verlauf von dreißig Jahren Ägypten, den Irak, Tunesien, den Libanon, Syrien, Ägypten und Jordanien attackiert, ganz zu schweigen von Palästina und dem zivilen libanesischen Flugzeug, das die israelische Armee 1973 abgeschossen hat.«

> Sein politisches Handeln in der Vergangenheit wie in der Gegenwart, seine technologischen Möglichkeiten und die Erbarmungslosigkeit seines Regimes machen den Irak einzigartig.

Wie es der ehemalige Chef der Waffeninspekteure der Vereinten Nationen ausdrückte: »Das grundsätzliche Problem mit dem Irak besteht im Wesen seines Regimes: Saddam Hussein ist ein mordender Diktator, der auf Massenvernichtungswaffen versessen ist.«
Manche fragen, wie dringlich diese Gefahr für Amerika und die übrige Welt ist. Die Gefahr ist bereits beträchtlich und sie wächst mit jedem Tag. Wenn wir heute wissen, dass Saddam gegenwärtig gefährliche Waffen besitzt – und das tun wir –, hat es dann irgendeinen Sinn, wenn wir warten und zusehen, wie er immer stärker wird und immer gefährlichere Waffen entwickelt?

Zunes: »In den Achtzigerjahren, als die Vereinigten Staaten ihn noch unterstützten, war er weitaus gefährlicher. Wenn die militärischen Sanktionen weiter in Kraft bleiben, wird es noch viele Jahre dauern, bis er an seine damalige Stärke wieder heranreicht. Lässt man die UN-Inspekteure wieder ins Land, wäre es – selbst wenn sie nicht hundert Prozent von allem finden – unmöglich, dass er wesentlich stärker würde, als er gegenwärtig ist.«

Im Jahre 1995, nach vielen Jahren der Täuschung durch das irakische Regime, wechselte der führende Kopf der irakischen Militärindustrie die Seiten. Damals sah sich die irakische Regierung gezwungen zuzugeben, dass sie über 30 000 Liter Anthrax und andere tödliche biologische Wirkstoffe hergestellt hatte. Die Inspekteure kamen jedoch zu dem Schluss, dass der Irak höchstwahrscheinlich das zwei- bis vierfache dieser Menge produziert hatte.

Zunes: »Wenn das wirklich Anlass zur Sorge ist, warum haben die Vereinigten Staaten den Irak dann 1980 mit den Startkulturen für Anthrax-Sporen versorgt?« (William Blum, »Anthrax for Export: U.S. Companies Sold Iraq the Ingredients for a Witch's Brew«, *The Progressive*, April 1998, S. 18).

Das ist ein riesiger Vorrat an biologischen Waffen, der durch
nichts zu rechtfertigen ist, und mit dem man Millionen Menschen
umbringen kann.

Zunes: »Diese Aussage kommt der Feststellung gleich, ein Mann
sei fähig, Millionen Frauen zu schwängern. Es ist eine Frage des
Ausbringungssystems, und es gibt keinerlei Hinweise darauf, dass
der Irak im Augenblick ein solches besitzt.«

Wir wissen, dass das Regime viele Tausend Tonnen chemischer
Wirkstoffe produziert hat – darunter auch Senfgas und die Ner-
vengifte Sarin und VX. Saddam Hussein hat überdies Erfahrungen mit dem Einsatz chemischer Waffen. Er hat chemische Angriffe auf den Iran und auf über vierzig Dörfer seines eigenen
Landes befohlen. Bei diesen Angriffen sind mindestens 20 000
Menschen getötet oder verletzt worden, mehr als sechsmal so
viele wie bei den Angriffen vom 11. September.

Mahajan: »All das geschah mit der vollen Unterstützung, Billigung
und Zustimmung der amerikanischen Regierung. Von den Vereinigten Staaten gewährte ›Landwirtschaftskredite‹ trugen dazu bei,
die langwierige Verfolgung aufständischer Gruppen im Nordirak
zu finanzieren. Die Vereinigten Staaten versorgten den Irak auch
dann noch mit Geheimdienstinformationen über den Iran, als sie
wussten, dass der Irak in diesem Krieg chemische Waffen einsetzte;
und die Vereinigten Staaten unternahmen im Interesse des Iraks
eine diplomatische Intervention bei den Vereinten Nationen.«

Toensing. »Die Vereinigten Staaten nahmen 1984 wieder diplomatische Beziehungen zum Irak auf, der sich damals mitten im ersten
dieser Angriffskriege befand, weil sie wollten, dass die Islamische
Revolution auf den Iran beschränkt bleibt. Die Vereinigten Staaten
und Großbritannien standen in diesem Krieg auf Seiten des Irak,

und amerikanische Verbündete, darunter Saudi-Arabien an erster Stelle, finanzierten die irakische Kriegsmaschinerie. Noch zu der Zeit, als der Irak in Kuwait einmarschierte, waren die Vereinigten Staaten bemüht, in engere Beziehungen zum Irak zu treten.«

Zunes: »Er hat die iranischen Truppen angegriffen, weil er wusste, dass der Iran keine Alliierten hatte, die ihm beistehen würden. Und heute wissen wir, dass hochrangige Angehörige des amerikanischen Militärgeheimdienstes dem Irak bei seinen Angriffen auf die iranische Armee behilflich waren, obwohl sie sehr genau wussten, dass dieser chemische Waffen verwendete. Saddam hat chemische Waffen gegen die kurdische Zivilbevölkerung eingesetzt, weil er wusste, dass diese nicht zurückschlagen konnte. Und die Vereinigten Staaten halfen, das Massaker von Halabja und andere Übergriffe zu vertuschen, indem sie die Iraner dafür verantwortlich machten. Mit anderen Worten: Saddam ist ein Feigling. Er wird Massenvernichtungswaffen nur dann einsetzen, wenn er weiß, dass er die Konsequenzen daraus nicht zu fürchten haben wird, und insbesondere, wenn ihn das mächtigste Land der Welt dabei unterstützt.«

Und Aufklärungsfotos aus der Luft beweisen, dass das Regime Anlagen wieder aufbaut, in denen es chemische und biologische Waffen hergestellt hat.

Toensing: »Die es ›hergestellt hat‹. Das letzte Mal, als Bush so viel Aufhebens um eine solche Sache gemacht und behauptet hatte, der Irak nutze besagte Anlagen für diese Zwecke, war diese Behauptung von der IAEO (der Internationalen Atomenergie-Organisation) prompt als nicht verifizierbar zurückgewiesen worden. Und ebenso unhaltbar ist sie noch immer.«

Jede chemische und biologische Waffe, die der Irak besitzt oder herstellt, bedeutet einen direkten Verstoß gegen die Bedingungen des Waffenstillstands, der den Golfkrieg von 1991 beendet hatte.

Mahajan: »Es gibt keinerlei glaubwürdigen Hinweis darauf, dass der Irak chemische oder biologische Waffen hergestellt hat, solange die Inspekteure im Land waren, das heißt bis Dezember 1998. Und der Grund dafür, dass wir nicht wissen, ob er heute diese Stoffe produziert oder nicht, ist der, dass die Inspekteure im Rahmen der Vorbereitungen für die Bombardierungsoperation ›Desert Fox‹ auf Geheiß der Vereinigten Staaten abgezogen wurden.

Dennoch hat Saddam Hussein beschlossen, diese Waffen zu bauen und zu behalten, trotz aller internationalen Sanktionen, amerikanischen Forderungen und seinem Ausschluss aus der zivilisierten Welt.

[Die Vereinigten Staaten haben viele Jahre hindurch behauptet, sie würden die Sanktionen in jedem Fall aufrechterhalten, unabhängig davon, wie sich der Irak im Hinblick auf seine Waffen verhält. Siehe dazu: »Autopy of a disaster: The US Sanctions Policy on Iraq – Myth: The Sanctions Will be Lifted When Iraq Complies with the U.N. Inspections«: www.accuracy.org/iraq]

Zunes: »Auch hier gilt: Die Vereinigten Staaten müssen erst einmal Beweise dafür vorlegen, dass der Irak solche Waffen herstellt. Auch fordert die Resolution 687 des UN-Sicherheitsrats eine irakische Entwaffnung als Teil überregionaler Entwaffnungsbemühungen, die durchzusetzen oder auch nur zu unterstützen sich die Vereinigten Staaten bisher beharrlich geweigert haben.«

> Der Irak besitzt ballistische Flugkörper mit einem Radius von vermutlich mehreren hundert Meilen – weit genug, um Saudi-Arabien, Israel, die Türkei und andere Nationen anzugreifen, Länder, in denen über 135 000 amerikanische Staatsbürger und Armeeangehörige leben und arbeiten.

Toensing: »Das ist ein eleganter rhetorischer Kunstgriff. Bush weiß, dass Saudi-Arabien und die Türkei selbst sich von den Massenvernichtungswaffen des Irak nicht bedroht fühlen, also behauptet er das auch nicht. Vielmehr ist es die Gefahr für die in jenen Ländern stationierten amerikanischen Soldaten und die Angestellten der Ölgesellschaften, die uns beschäftigen sollte. Unbeantwortet bleibt die Frage, warum der Irak Amerikaner angreifen sollte, weiß er doch um die massive Gegenreaktion, mit der zu rechnen wäre, und natürlich die Frage, warum überhaupt so viele amerikanische Soldaten in der Türkei und Saudi-Arabien ›leben und arbeiten‹. Zum großen Teil stehen sie einzig und allein im Dienste des Aufmarschs gegen den Irak.«

Zunes: »Nach Angaben der UNSCOM wurden 817 der 819 irakischen ballistischen Flugkörper aus sowjetischer Herstellung aufgetan und zerstört. Es mag dort ein paar Dutzend selbst gebaute Versionen davon geben, doch keine davon ist bislang getestet worden, und überdies ist fraglich, ob geeignete Abschussbasen vorhanden sind.«

> Auch haben wir durch unseren Geheimdienst herausgefunden, dass der Irak eine immer größer werdende Flotte von bemannten und unbemannten Flugkörpern besitzt, die sich einsetzen ließen, um chemische und biologische Kampfstoffe großflächig zu verbreiten. Wir haben Sorge, dass der Irak nach Möglichkeiten sucht, unbemannte Flugkörper für Missionen mit dem Ziel USA einzusetzen.

159

Toensing: »Andere Geheimdienstexperten bezweifeln, dass unbemannte Flugkörper eine große Gefahr darstellen, weil sich bei dem Versuch, sie großflächig zu verteilen, die von ihnen freigesetzten Kampfstoffe zu mehr oder minder harmlosen Konzentrationen verdünnt haben würden, wenn sie schließlich den Boden erreichen.«

Mahajan: »Die Behauptung, dass diese unbemannten Flugkörper Radien haben, die einen Angriff auf die Vereinigten Staaten erlauben, und dass sie diese unentdeckt erreichen könnten, ist eine verblüffende neue These und ganz und gar unhaltbar. Niemand hat jemals Beweise dafür vorgelegt, dass der Irak fähig ist oder vorhat, die Vereinigten Staaten direkt anzugreifen.«

Und natürlich sind für einen chemischen oder biologischen Angriff keine ausgeklügelten Ausbringungssysteme nötig – das einzige, was man braucht, ist ein kleiner Behälter und einen einzigen Terroristen oder irakischen Geheimdienstbeamten, der ihn überbringt.

Mahajan: »Terroranschläge mit Biowaffen und das Ausbringen biologischer Kampfstoffe ist nicht ganz so einfach – die höchst begrenzten Auswirkungen der Anthrax-Anschläge haben das gezeigt. Die Todesfälle betrafen hier nämlich vor allem die Postangestellten, an die man keine Antibiotika verteilt hatte, nicht aber das Kongresspersonal, das medikamentös behandelt worden war. Was chemische Angriffe mit einem ›kleinen Behälter und einem einzigen Terroristen‹ betrifft, so wären diese von äußerst geringer Tragweite.«

Und hier wurzelt unsere ernste Sorge in Bezug auf die Kontakte Saddam Husseins zu internationalen terroristischen Vereinigungen.
Im Laufe der Jahre ist der Irak zu einem sicheren Hafen für Terroristen wie Abu Nidal geworden, dessen Terrororganisation mehr

als 90 Terroranschläge in 20 Ländern verübt hat, bei denen fast neunhundert Menschen ums Leben gekommen sind, darunter zwölf Amerikaner.

Michael Ratner, Präsident des Center for Constitutional Rights: »Obwohl die amerikanischen Geheimdienste keine Beziehung zwischen Saddam Hussein und al-Qaida haben nachweisen können, erwähnt Bush eine solche, legt aber keine Beweise dafür vor. Genauso versucht er, die Amerikaner zu ängstigen, indem er über die Verbrechen von Abu Nidal spricht. Doch Abu Nidal ist tot. Das ist ein weiterer Versuch, Angst durch die Assoziation mit etwas zu schüren, das längst vergangen ist, statt Beweise für eine akute Bedrohung vorzulegen.«

Der Irak hat auch Abu Abbas sicheren Unterschlupf gewährt, der die Achille Lauro in seine Gewalt gebracht und einen amerikanischen Passagier getötet hatte. Und wir wissen, dass der Irak weiterhin Terror finanziert und Gruppen Unterstützung zukommen lässt, die sich des Terrors bedienen, um den Frieden im Nahen Osten zu unterminieren.

Toensing: »Ja, aber keine dieser Gruppen pflegt einen ideologischen Antiamerikanismus. Ihre Angriffe gelten Israel und den israelischen Interessen, das gilt auch für den Mord an Leon Klinghoffer und anderen Amerikanern. Das ist ein entscheidender Aspekt.«

Wir wissen, dass der Irak und das terroristische Netzwerk der al-Qaida einen gemeinsamen Feind haben – die Vereinigten Staaten von Amerika. Wir wissen, dass der Irak und al-Qaida Kontakte auf höchster Ebene gepflegt haben, die ein Jahrzehnt zurückreichen. Einige der aus Afghanistan geflohenen al-Qaida-Führer haben sich in den Irak zurückgezogen.

Unter diesen befindet sich auch ein hochrangiger al-Qaida-Führer, der sich in diesem Jahr in Bagdad einer medizinischen
Behandlung unterzogen hat, und der mit der Planung von chemischen und biologischen Angriffen in Verbindung gebracht wird.
Wir haben erfahren, dass der Irak al-Qaida-Angehörige in der
Herstellung von Bomben, Giften und tödlichen Gasen ausgebil-
det hat.

Jennings: »Die Behauptung, dass al-Qaida-Mitglieder sich im Irak
aufhalten, ist an den Haaren herbeigezogen, um nicht zu sagen,
eine ausgemachte Lüge. Wohl haben die Vereinigten Staaten lange
Zeit hindurch gewusst, dass bis zu 400 muslimische Extremisten
von ähnlicher Art wie die al-Qaida-Leute, die Ansar al-Islam, ehemals ›Jund al-Islam‹, ein Ableger der vom Iran unterstützten islamischen kurdischen Einheitsbewegung, in der unter Aufsicht der Vereinigten Staaten eingerichteten Sicherheitszone im Norden des Irak
operierten. Aus irgendwelchen Gründen wurde das nie publik gemacht und in den populären Medien berichtet. Im vergangenen
Frühling haben die Kurden schließlich selbst die meisten Terroristen in ihrem Gebiet aufgegriffen und getötet, der Rest entkam in
den Iran. Da das Gebiet unter amerikanischer Protektion und nicht
unter Saddam Husseins Herrschaft steht, ist es ziemlich gewagt zu
behaupten, dass al-Qaida im Irak operiert.«

Mahajan: »Al-Qaida hat niemals chemische oder biologische Anschläge verübt. Die Anthrax-Anschläge im Herbst 2001 wurden
mit an Sicherheit grenzender Wahrscheinlichkeit von einem Angestellten der amerikanischen Regierung begangen. Es ist nicht
leicht, wenn nicht gar unmöglich, sich ein Bild davon zu machen,
was es mit der Behauptung auf sich hat, ein ›hochrangiger al-Qaida-Führer‹ habe sich in Bagdad medizinisch behandeln lassen.
Medizinische Hilfe zu gewähren ist selbst Kriminellen gegenüber
sicher nicht illegal und bei einer so dünnen Beweislage, wie man

sie uns präsentiert, gibt es keinen Anlass anzunehmen, dass es sich hierbei nicht um eine ähnliche Geschichte handelt wie die (inzwischen widerlegte) über das Treffen zwischen Mohammed Atta und dem irakischen Geheimdienst in Prag.«

> Und wir wissen, dass Saddam Husseins Regime nach dem 11. September die Terrorangriffe auf Amerika fröhlich gefeiert hat. Der Irak könnte zu jedem beliebigen Zeitpunkt beschließen, eine Terroristengruppe oder einzelne Terroristen mit biologischen oder chemischen Waffen auszurüsten. Bündnisse mit Terroristen würden es dem irakischen Regime ermöglichen, Amerika anzugreifen, ohne Fingerabdrücke zu hinterlassen.

Mahajan: »Biologische oder chemische Waffen würden ohne Zweifel Fingerabdrücke hinterlassen, genau wie es bei den Anthrax-Anschlägen im Herbst der Fall war. Selbst wenn sich nicht schlüssig beweisen ließe, dass der Irak der Herkunftsort des verwendeten Materials ist, würde die amerikanische Regierung davon ausgehen, dass dem so ist. Seit dem Golfkrieg hat sie ihre Geschütze auf den Irak gerichtet, er kann unmöglich davon ausgehen, dass er mit einem solchen Angriff davonkäme. Hinzukommt, dass Saddam Massenvernichtungswaffen seit jeher als seinen Trumpf in der Hinterhand betrachtet hat, der ihn vor Niederlagen bewahrt. Vom Verfolgungswahn besessene Diktatoren legen nicht die Herrschaft über etwas, das sie als Grundstein ihrer Sicherheit betrachten, in die Hand von Netzwerken, die sie wie al-Qaida nicht kontrollieren können.

> Andere haben argumentiert, dass die Auseinandersetzung mit dem Irak vom Krieg gegen den Terror ablenken könnte. Ganz im Gegenteil: Die Auseinandersetzung mit der Gefahr, die vom Irak ausgeht, ist von entscheidender Bedeutung für einen Sieg im Krieg gegen den Terror.

Als ich vor über einem Jahr vor dem Kongress gesprochen habe, habe ich gesagt, dass diejenigen, die Terroristen Unterschlupf gewähren, genauso schuldig seien, wie die Terroristen selbst. Saddam Hussein beherbergt Terroristen und die Werkzeuge des Terrors: Mittel zu Massenmord und Zerstörung. Und man kann ihm nicht trauen. Das Risiko, dass er sie einsetzen oder einem Terrornetzwerk überlassen wird, ist einfach zu groß.

Terroristische Zellen und Schurkenregierungen, die Massenvernichtungswaffen bauen, sind zwei Seiten derselben Medaille. Unsere Sicherheit verlangt es, dass wir beiden entgegentreten. Und die Armee der Vereinigten Staaten hat die Macht, sich beiden zu stellen.

Viele Menschen haben gefragt, wie nahe Saddam wirklich an der Entwicklung einer Atomwaffe ist. Wir wissen es nicht genau, und das ist das Problem. Vor dem Golfkrieg deuteten die besten verfügbaren Geheimdiensterkenntnisse darauf hin, dass der Irak noch acht bis zehn Jahre von der Entwicklung nuklearer Waffen entfernt sei. Nach dem Krieg entdeckten die internationalen Inspekteure, dass das Regime seinem Ziel weit näher gekommen war. Spätestens 1993 hätte der Irak vermutlich eine Atomwaffe in seinem Besitz gehabt.

Die Inspekteure stellten fest, dass der Irak ein fortgeschrittenes Programm zur Entwicklung von Nuklearwaffen verfolgte, einen Entwurf für eine funktionstüchtige Atomwaffe besaß und verschiedene Methoden zur Anreicherung von Uran zum Bau einer Bombe betrieb.

Toensing: »Ja, eben, die Inspekteure haben all das in Erfahrung gebracht – die Inspektionen haben gefruchtet.«

Bevor die Internationale Atomenergie-Organisation IAEO 1998 aus dem Irak ausgeschlossen wurde, spürte sie drei große Anlagen zur Anreicherung von waffenfähigem Uran auf.

Robert Jensen, Autor von *Writing Dissent* und außerordentlicher Professor an der University of Texas in Austin: »Endlich hat Bush zugegeben, dass wir über Saddams Atomwaffeneinrichtungen wenig wissen, aber über die Gründe dafür hat er gelogen. Bush hat behauptet, der Irak habe die Inspekteure der IAEO 1998 in ihrer Arbeit behindert. Tatsächlich aber sind die Inspekteure zusammen mit denen der UNSCOM im Dezember 1998 von ihren vorgesetzten Behörden abgezogen – und nicht vom Irak ausgewiesen – worden, als klar wurde, dass die Clinton-Regierung den Irak bombardieren werde (was sie auch tat), und die Sicherheit der Inspekteure nicht länger gewährleistet war. Außerdem haben diese Inspekteure in Verletzung ihres Mandats für die Vereinigten Staaten spioniert.«

Im selben Jahr haben Informationen aus dem Mund eines übergelaufenen hochrangigen irakischen Atomwaffeningenieurs ans Licht gebracht, dass Saddam Hussein trotz seiner Versprechungen befohlen hatte, das Nuklearwaffenprogramm fortzuführen. Alles deutet darauf hin, dass Saddam sein Atomwaffenprogramm wieder in Gang bringt.

Saddam Hussein hat sich verschiedentlich mit irakischen Atomwissenschaftlern getroffen, einer Gruppe, die er als seine »Nuklear-Mudschaheddin« bezeichnete, seine heiligen Atomkrieger. Satellitenfotos zeigen, dass der Irak an Orten, die in der Vergangenheit zu seinem Atomwaffenprogramm gehört haben, Anlagen wiederaufbaut.

Toensing: »Wie Lincoln Chafee im National Public Radio bereits festgestellt hat: Wenn diese Fotos existieren, dann hat die Öffentlichkeit garantiert ein Recht, sie zu sehen. Mit Sicherheit würden durch Fotos Quellen und Methoden nicht verraten. Im Jahr 1990 hatte die US-Regierung nach der Invasion Kuwaits durch den Irak behauptet, irakische Truppen bedrohten Saudi-Arabien; das hat sich als Falschmeldung erwiesen«.

Der Irak hat versucht, gehärtete Aluminiumrohre, Zubehör für Gas-Zentrifugen und andere Utensilien zu erstehen, die benötigt werden, um waffenfähiges Uran anzureichern.

Mahajan: »Die Aluminiumrohre können auch für die konventionelle Artillerie verwendet werden, wie sie der Irak besitzen darf. Wenn der Irak in der Vergangenheit versucht hat, Gas-Zentrifugen zu bauen, hat er Stahlrohre verwendet, das ist ein unglaublich schwacher Beweis.«

Sollte es der Irak fertigbringen, eine Uranmenge von wenig mehr als der Größe eines Softballs herzustellen, zu kaufen oder zu stehlen, könnte er in weniger als einem Jahr eine Atomwaffe in Händen halten.

Toensing: »Sowohl der CIA-Bericht als auch das britische Dossier kommen zu dem Schluss, dass dies höchst unwahrscheinlich ist, solange die Sanktionen gegen den Irak in Kraft sind.«

Mahajan: »Das heißt lediglich, dass er das technologische Know-how besitzt, die hochexplosiven ›Linsen‹ herzustellen, die zur Auslösung der erforderlichen Kettenreaktion nötig sind. Dies wird der Fall sein, solange er noch Wissenschaftler bei sich hat.«

Und wenn wir das geschehen ließen, wäre eine fatale Grenze überschritten. Saddam wäre in der Lage, jeden zu erpressen, der sich seiner Aggression in den Weg stellt. Er wäre imstande, die Vereinigten Staaten zu bedrohen. Und Saddam Hussein wäre in der Lage, seine Nukleartechnologie an Terroristen weiterzugeben.

Mahajan: »Wieder einmal würde ein solches Vorgehen in keiner Weise der Geschichte oder der Persönlichkeitsstruktur eines Saddam Hussein entsprechen. Eine von der Regierung geduldete Organisation, die vom amerikanischen State Department als terroristisch eingestuft wird, ist zum Beispiel die iranische Mudschaheddin-I-Khalq, deren Aktivitäten sich unmittelbar gegen die gegenwärtige Regierung des Iran richten. Diese hat niemals Zugang zu irgendwelchen nicht konventionellen Ressourcen der irakischen Regierung gehabt. Saddam Hussein sieht radikale islamistische Terrornetzwerke wie al-Qaida als enorme potenzielle Bedrohung für sein eigenes Regime an, etwas, das ihn weit mehr beschäftigt als irgendwelche unrealistischen Rachefantasien gegen die Vereinigten Staaten. Alles, was al-Qaida (die ihrerseits höchstwahrscheinlich weit mehr daran interessiert ist, Regierungen im Nahen Osten durch radikal islamistische Regimes zu ersetzen) in die Lage versetzen könnte, ihn zu erpressen, wäre das Letzte, was er dieser überlassen würde.«

> Manche Bürger fragen sich: Wenn wir schon elf Jahre mit diesem Problem leben, warum müssen wir uns gerade jetzt damit auseinandersetzen?
> Es gibt einen Grund dafür. Wir haben den Schrecken des 11. September erlebt. Wir haben gesehen, dass diejenigen, die Amerika hassen, bereit sind, Flugzeuge in Gebäude voller unschuldiger Menschen zu jagen. Unsere Feinde wären nicht weniger bereit – ja sie sind mehr als erpicht darauf –, eine biologische, chemische oder nukleare Waffe einzusetzen.

Mahajan: »Bezug auf den 11. September zu nehmen, ohne die geringste Verbindung zwischen der irakischen Regierung und jenen Angriffen zeigen zu können, ist nichts weiter als eine höchst durchsichtige Manipulation. Was er in Wirklichkeit meint, ist, dass er nach dem 11. September Chancen sieht, mit einer solchen Politik durchzukommen.«

In Kenntnis dieser Realitäten darf Amerika nicht die Augen vor dem großen Zusammenschluss gegen sich verschließen. Angesichts eindeutiger Hinweise für eine Gefahr können wir nicht auf den rauchenden Colt als letzten Beweis warten, er könnte die Gestalt eines Atompilzes annehmen.

Wie es Präsident Kennedy im Oktober 1962 formuliert hat: »Weder die Vereinigten Staaten von Amerika noch die Weltgemeinschaft kann vorsätzliche Täuschung und eine offensive Bedrohung seitens einer anderen Nation, sei sie nun groß oder klein, tolerieren. Wir leben nicht mehr in einer Welt«, so seine Worte, »in der nur das tatsächliche Abfeuern von Waffen als hinreichender Angriff auf die Sicherheit einer Nation gilt, um als akute Gefahr gehandelt werden zu können.«

Jaqueline Cabasso, Executive Director der Western States Legal Foundation: »Die Heuchelei in seiner Rede – und in der Gesamtstrategie der Bush-Regierung – ist nicht zu übertreffen. Wenn der Besitz von Massenvernichtungswaffen und deren Einsatz in der Vergangenheit ein Kriterium ist, dann stellen die Vereinigten Staaten garantiert die größte Gefahr für die Menschheit dar, die es je gegeben hat. Während Bush mahnt, dass ›wir nicht auf den rauchenden Colt als letzten Beweis warten‹ können, ›der die Gestalt eines Atompilzes annehmen könnte‹, erklärt er in seinem Strategiepapier zur Nationalen Sicherheit, dass Amerika ›gegen aufkommende Gefahren [...] vorgehen wird, bevor sich diese voll entwickelt haben [...], indem es Präventivmaßnahmen ergreift‹. Und in seinem streng geheimen Artikel zu seiner grundsätzlichen Haltung in Atomfragen, der zu Beginn des Jahres an die *New York Times* durchsickerte, gibt er preis, dass ›US-Atomstreitkräfte auch weiterhin als Lebensversicherung [...] für den Fall überraschender militärischer Entwicklungen dienen werden [...]. Zu den aktuellen Beispielen für solche unkalkulierbaren Überraschungen gehört ein irakischer Angriff auf Israel oder dessen Nachbarn [...]‹. Es bedarf keiner allzu großen Fantasie zu prophezeien, dass der Irak im Falle eines Angriffs durch amerikanische Truppen alles, was ihm zur Verfügung steht, auf Israel – selbst Atommacht – abfeuern wird. Außerdem blockieren die Vereinigten Staaten, während sie selbst ihr Biowaffenarsenal massiv ausbauen – zum Beispiel, indem sie ihre biologischen Forschungseinrichtungen in den Atomwaffenlabors Livermore und Los Alamos für die Produktion von Aerosolen mit lebenden Anthrax-Erregern und die genetische Manipulation biologischer Organismen umgerüstet haben – ein Zusatzprotokoll zur Biowaffen-Konvention von 1972, das die Entsendung internationaler Inspekteure in amerikanische Einrichtungen möglich machen würde. Die überstürzte Eile, mit der die Bush-Regierung einem einseitigen Krieg entgegenstrebt, droht eine beispiellose regionale Instabilität und eine möglicherweise katastrophale Zahl an Todesopfern nach sich zu ziehen. Ein selbstzerstörerischeres Vorgehen lässt sich kaum denken.«

In Kenntnis der Gefahren unserer Zeit und mit dem Wissen um die Pläne und Täuschungen des irakischen Regimes haben wir allen Grund, das Schlimmste anzunehmen, und wir haben die dringende Pflicht zu verhindern, dass das Schlimmste geschieht.

Manche sind der Ansicht, wir könnten dieser Gefahr begegnen, indem wir einfach die alten Waffenkontrollen wieder aufnehmen und diplomatischen und ökonomischen Druck ausüben. Aber das ist genau das, was die Welt seit 1991 getan hat.

Den Waffeninspektionen der Vereinten Nationen ist mit systematischen Täuschungen begegnet worden. Das irakische Regime hat Hotelzimmer und die Büros der Inspekteure abgehört, um herauszubekommen, was diese als Nächstes in Augenschein nehmen würden. Man hat Dokumente gefälscht, Beweise vernichtet und bewegliche Waffensysteme entwickelt, um den Inspekteuren stets einen Schritt voraus zu sein.

Bei acht so genannten Präsidentenpalästen wurde die freie

Durchsuchung verwehrt. Diese Anlagen erstrecken sich über 25 Quadratkilometer, auf denen sich oberirdisch und unterirdisch Hunderte von Objekten befinden, in denen sich geheimes Material verstecken ließe.

[In Wirklichkeit gab es in diesen »Präsidentenpalästen« sehr wohl Inspektionen.]

Zunes: »Der Zutritt war nicht verwehrt. Sie standen der freien Durchsuchung offen, solange ein irakischer Regierungsbeamter die Inspekteure begleitete. Ein solcher Vorbehalt ist bei Resolutionen des UN-Sicherheitsrats, die die Einrichtung einer Überwachungskommission wie UNMOVIC (United Nations Monitoring, Verification and Inspection Commission) vorsehen, Resolutionen, die die Vereinigten Staaten mitgetragen haben, durchaus legal.«

Die Welt hat es mit Wirtschaftssanktionen versucht und mitansehen müssen, dass der Irak Milliarden Dollar aus illegalen Ölverkäufen in die Finanzierung neuer Waffenkäufe investiert hat, statt sich der Not des irakischen Volkes anzunehmen.

Toensing: »Ja, und die ganze Zeit über haben die Vereinigten Staaten und Großbritannien den Sinn der Sanktionen und Inspektionen unterlaufen, indem sie von einem Regimewechsel gesprochen haben und so dem Regime jeden Ansporn nahmen zu kooperieren.«

Mahajan: »Das von der irakischen Regierung eingerichtete Programm zur Nahrungsmittelverteilung ist weithin gelobt worden. Tun Myat, der gegenwärtige UN-Koordinator für humanitäre Hilfe, hat es als unübertroffen bezeichnet. Geld, das im Rahmen des Öl-für-Lebensmittel-Programms eingenommen wird, darf, allen anderslautenden Behauptungen zum Trotz, nicht für den Ankauf von Waffen ausgegeben werden – alle Einkünfte aus solchen Verkäufen

werden auf ein Treuhänderkonto deponiert, das vom Sanktionskomitee der Vereinten Nationen kontrolliert wird. Die Regierung des
Irak hat keinen Zugriff auf dieses Geld.«

> Die Welt hat mit begrenzten Militärschlägen versucht, das iraki-
> sche Massenvernichtungspotenzial zu zerstören, [...] nur um fest-
> zustellen, dass es dieses in aller Öffentlichkeit erneuert, während
> die Regierung wieder und wieder abstreitet, dass es solche Waf-
> fen je gegeben hätte.

Mahajan: »›Welt‹ ist hier zu lesen als ›die Vereinigten Staaten und
ihr Vasall, das Vereinigte Königreich‹. Jene Militärschläge stellten
einen klaren Verstoß gegen internationales Recht dar und wurden
ohne Mandat des Sicherheitsrates durchgeführt.«

> Die Welt hat es mit Flugverbotszonen versucht, um Saddam dar-
> an zu hindern, sein eigenes Volk zu terrorisieren, [...] und allein
> im vergangenen Jahr hat das irakische Militär über 750mal auf
> britische und amerikanische Piloten geschossen.

Toensing: »Ein weiterer bemerkenswerter rhetorischer Kunstgriff.
Die Flugverbotszonen haben weder die Kurden in den Jahren 1995
und 1996 vor irakischen Übergriffen bewahrt, noch haben sie im
vergangenen Jahrzehnt die Schiiten und die [...] Araber aus den
Marschgebieten vor Repressalien geschützt. Doch statt diese ekla-
tanten Versäumnisse beim Namen zu nennen, konzentriert sich
Bush auf die irakische Luftabwehr, die es bislang nicht fertigge-
bracht hat, einem amerikanischen oder britischen Jet auch nur
annähernd nahe genug zu kommen, um ihn zu treffen. Es hat wie
bei dem oben erwähnten saudisch-türkischen Fall den Anschein,
als seien die amerikanisch-britischen Versuche, die Völker der Region zu beschützen als Fehlschlag zu bewerten, weil die Vereinigten
Staaten und Großbritannien in Gefahr sind.«

Francis Boyle, Professor für Internationales Recht am University of Illinois College of Law und Verfasser von *The Criminality of Nuclear Deterrence*: »Es sind die Vereinigten Staaten, die gegen die Charta der Vereinten Nationen verstoßen [...], indem sie diese illegalen ›Flugverbotszonen‹, die vom UN-Sicherheitsrat oder vom amerikanischen Kongress niemals abgesegnet worden sind, mit Militärgewalt bewachen, dies obendrein in Verletzung der War Powers Resolution von 1973. Der Irak nimmt lediglich entsprechend Artikel 51 der Charta der Vereinten Nationen sein Recht auf Selbstverteidigung wahr. Die Bush-Regierung hat vorsätzlich amerikanische Piloten in Gefahr gebracht, um einen Vorwand für einen katastrophalen Angriffskrieg gegen den Irak zu konstruieren. Die beste Möglichkeit für das amerikanische Volk, das Leben unseres Militärpersonals am Persischen Golf zu schützen, bestünde darin, alle Beschäftigten nach Hause zu bringen.«

Mahajan: »Und wieder gilt: Die Flugverbotszonen hat nichts mit der ›Welt‹ zu tun, sondern haben die bloße Demonstration amerikanischer und britischer Macht (Frankreich, der dritte Partner bei der Einrichtung von Flugverbotszonen, hat sich 1996 zurückgezogen), sind vom Sicherheitsrat niemals autorisiert worden.«

Nach elf Jahren, in denen wir es mit Zurückhaltung, Sanktionen, Inspektionen, ja sogar mit gezielten Militärschlägen versucht haben, ist das Ergebnis, dass Saddam Hussein noch immer biologische und chemische Waffen besitzt, und seine Produktionskapazitäten ständig erweitert. Und er kommt der Entwicklung einer Atomwaffe immer näher.

Es steht außer Frage, dass alle neuen Inspektionen, Sanktionen oder Durchsetzungsmaßnahmen völlig anders werden aussehen müssen. Amerika will, dass die Vereinten Nationen eine effiziente Organisation sind, die dazu beiträgt, den Frieden zu erhalten. Aus diesem Grund drängen wir den Sicherheitsrat, eine neue Resolution zu erlassen, die strikte, deutliche Forderungen stellt.

AbuKhalil: »Bush vergisst die amerikanischen Verstöße gegen die verhängten Sanktionen zu erwähnen, in denen Inspekteure als Spione missbraucht wurden, um Informationen zu sammeln, die mit dem UN-Mandat überhaupt nichts zu tun haben.«

Zu diesen Forderungen gehört, dass das irakische Regime unter der Aufsicht der Vereinten Nationen alle vorhandenen Massenvernichtungswaffen zu zerstören hat. Damit sichergestellt ist, dass wir die Wahrheit erfahren, muss das Regime zulassen, dass Zeugen seiner illegalen Aktivitäten außerhalb des Landes verhört werden.

Und diese Zeugen müssen die Freiheit haben, ihre Familien mitzubringen, sodass sich alle Angehörigen außerhalb der Reichweite von Saddams Schreckens- und Gewaltherrschaft befinden.

Und die Inspekteure müssen ohne vorherige Aufräumarbeiten, Verzögerungen und Ausnahmen jederzeit Zugang zu jedem Ort erhalten.

Susan Wright: »[All das] lässt darauf schließen, dass die Vereinigten Staaten und das Vereinte Königreich vorhaben, derart harsche Konditionen für ihre weiteren Waffeninspektionen im Irak einzuführen, dass ein doppelter Druck auf den Irak geschaffen wird. Sollte der Irak die Bedingungen ablehnen, wäre die Folge ein Krieg mit den Vereinigten Staaten. Sollte der Irak versuchen einzuwilligen, und irgendeine Unklarheit löst das Eingreifen der Sicherheitskräfte eines der ständigen Mitglieder des Sicherheitsrates aus, die diesem Vorschlag zufolge das Inspektionsteam begleiten dürfen, käme es dennoch zum Krieg. Die anderen Mitglieder des Sicherheitsrates sollten solche Fallstricke ablehnen. Es ist außerdem von entscheidender Bedeutung, eine Situation zu vermeiden, in der die

Inspektionsteams von den Vereinigten Staaten mehr oder minder unterwandert und zu Spionagezwecken eingesetzt werden, wie es bei der UN Special Commission in den Neunzigerjahren geschehen ist.«

> Die Zeit des Leugnens, Betrügens und Herauszögerns ist vorbei. Saddam Hussein muss abrüsten – oder wir werden um des Friedens willen eine Koalition anführen, die ihn entwaffnet.
> Viele Nationen bestehen mit uns darauf, dass Saddam zur Verantwortung zu ziehen ist. Sie sind entschlossen, die internationale Sicherheit zu verteidigen, die für das Leben unserer und ihrer Bürger steht.

AbuKhalil: »Wenn Bush von ›vielen Nationen‹ spricht, die den Vereinigten Staaten beipflichten, dann kann er nur Israel und Großbritannien meinen, wobei die öffentliche Meinung in Großbritannien einhellig gegen Bushs Krieg ist.«

> Und darum fordert Amerika alle Nationen auf, die Resolutionen des UN-Sicherheitsrates ernst zu nehmen.

Zunes: »Es gibt weit über 90 UN-Resolutionen, die gegenwärtig von anderen Nationen als dem Irak verletzt werden. Gegen die überwiegende Mehrheit dieser Resolutionen wird von Verbündeten der Vereinigten Staaten verstoßen, die von diesen militärische, ökonomische und diplomatische Unterstützung erhalten. Und die Vereinigten Staaten haben den UN-Sicherheitsrat tatsächlich daran gehindert, diese Resolutionen gegen ihre Verbündeten durchzusetzen.«

> Diese Resolutionen sind unmissverständlich. Der Irak hat nicht nur sämtliche Massenvernichtungswaffen offen zu legen und zu zerstören, sondern er muss auch seine Unterstützung des Terrorismus

aufgeben. Er muss aufhören, die Zivilbevölkerung zu verfolgen. Er muss allen Handel außerhalb des Lebensmittel-für-Öl-Programms einstellen. Und er muss alle Beteiligten am Golfkrieg freilassen oder ihren Verbleib erklären, darunter das Schicksal eines amerikanischen Piloten, das bisher ungewiss ist.

Zunes: »Die meisten dieser Resolutionen fallen nicht unter Kapitel VII der Charta der Vereinten Nationen, das den UN-Sicherheitsrat zur Anwendung von Gewalt berechtigt.«

AbuKhalil: »Bushs plötzliches Interesse für die UN-Resolutionen sollten niemanden dazu verleiten zu glauben, dass er als Nächstes sämtliche UN-Resolutionen erfüllen wird – einschließlich derer gegen seine Verbündeten.«

Wenn es diese Forderungen erfüllt und nur, wenn es diese Forderungen erfüllt, hat das irakische Regime die Chance, einen Konflikt zu vermeiden. Außerdem würden diese Maßnahmen das Wesen des Regimes selbst verändern.

Amerika hofft, dass das Regime diese Chance wahrnimmt.

Unglücklicherweise haben wir, zumindest bis jetzt, wenig Anlass, dies zu erwarten. Das ist der Grund dafür, dass zwei Regierungen – meine und die von Präsident Clinton – erklärt haben, dass ein Regimewechsel im Irak das einzig sichere Mittel ist, eine große Gefahr für unser Land zu beseitigen.

Ich hoffe, dass es dazu keiner Militäraktion bedarf, aber ausgeschlossen ist sie nicht. Und ein bewaffneter Konflikt kann schwierig sein. Ein irakisches Regime, das mit seinem eigenen Ende konfrontiert wird, könnte versucht sein, zu grausamen und verzweifelten Mitteln zu greifen. Wenn Saddam Hussein solche Maßnahmen befiehlt, wären seine Generäle gut beraten, sich diesen Befehlen zu widersetzen. Tun sie das nicht, so sollten sie wissen, dass alle Kriegsverbrecher verfolgt und bestraft werden.

Wenn wir handeln müssen, werden wir alle nur möglichen Vorkehrungen treffen. Wir werden sorgsam planen, wir werden mit der geballten Militärmacht der Vereinigten Staaten zuschlagen, wir werden uns mit unseren Verbündeten zusammentun und wir werden siegen.

Es gibt keinen leichten oder gefahrlosen Weg zu handeln. Manche haben dafür plädiert, dass wir noch warten – und das ist eine Alternative. In meinen Augen ist es jedoch die riskanteste Alternative von allen – weil Saddam immer stärker und dreister werden wird, je länger wir warten. Wir könnten warten und hoffen, dass Saddam Terroristen keine Waffen überlässt oder keine Atomwaffe baut, um die Welt zu erpressen. Aber ich bin davon überzeugt, dass dies eine Hoffnung wider besseres Wissen ist.

Als Amerikaner wollen wir Frieden – wir arbeiten und opfern uns auf für den Frieden – und es kann keinen Frieden geben, wenn unsere Sicherheit vom Willen und von den Launen eines unbarmherzigen und aggressiven Diktators abhängt. Ich bin nicht bereit, auch nur ein amerikanisches Leben im Vertrauen auf Saddam Hussein zu riskieren.

Mahajan: »Die ganze Zeit über gibt es keinen einzigen glaubwürdigen Hinweis darauf, dass Hussein irgendeine Politik verfolgt, die sich gegen Amerikaner richtet. Seine Raubzüge haben sich nahezu immer dadurch ausgezeichnet, dass sie sich gegen Menschen richteten, die den westlichen Mächten gleichgültig sind.«

Nichthandeln würde andere Tyrannen ermutigen, Terroristen Zugang zu neuen Waffen und neuen Ressourcen zu verschaffen, und Erpressung zu einem dauernden Faktor im Weltgeschehen machen.

Die Vereinten Nationen würden den Zweck ihrer Gründung verraten und sich als den Problemen unserer Zeit nicht gewachsen erweisen.

> Das ist nicht das Amerika, das ich kenne. Das ist nicht das Amerika, dem ich diene. Wir weigern uns, in Angst zu leben. Diese Nation hat es niemals – im Weltkrieg und im Kalten Krieg nicht – zugelassen, dass gewalttätige und gesetzlose Personen den Gang der Geschichte bestimmen.

Zunes: »Warum haben dann die Vereinigten Staaten den indonesischen Diktator Suharto über drei Jahrzehnte hinweg gestützt? – Er hat Massaker an über einer halben Million Menschen angeordnet, ist in die winzige Nation Ost-Timor einmarschiert und hat dadurch weitere 200 000 Tote zu verantworten. Wie gewalttätig und gesetzlos sind die Regierungen der Türkei, Marokkos und Israels auf Kosten vieler tausend ziviler Opfer in benachbarte Länder einmarschiert? Was ist mit Pinochet und anderen lateinamerikanischen Tyrannen, die von den Vereinigten Staaten unterstützt wurden?

> Heute wie damals werden wir unsere Nation sichern, unsere Freiheit schützen und anderen helfen, ihre eigene Freiheit zu finden. Manche sorgen sich, dass ein Führungswechsel im Irak Instabilität bewirken und die Situation verschlimmern könnte. Die Situation kann kaum schlimmer werden, für die Weltsicherheit nicht und nicht für den Irak.
>
> Das Leben der irakischen Bürger würde sich drastisch verbessern, wenn Saddam Hussein nicht mehr an der Macht wäre – genauso wie sich das Leben der afghanischen Bürger nach dem Sturz der Taliban verbessert hat.

Toensing: »In Anbetracht dessen, was man über die Rückkehr der Warlords und das Chaos in Afghanistan weiß – ganz zu schweigen von dem Märchen, dass die afghanischen Frauen sämtlich ihre Burkas von sich geworfen hätten –, nimmt sich diese Behauptung überaus fragwürdig aus, und sie beweist, wie wenig Interesse die Regierung daran hat, Afghanistan wieder aufzubauen. Warum sollte es im Irak anders sein?«

Mahajan: »Welche Maßstäbe der Gerechtigkeit oder des Pragmatismus man auch anlegt: Der Krieg in Afghanistan war ein Fehlschlag. Schlimmer noch: Alle seine Attribute, angefangen von der erhöhten Terrorgefahr über die große Zahl an Toten unter der Zivilbevölkerung bis zur Einsetzung einer von Amerika kontrollierten Marionettenregierung werden sich im Falle eines Krieges gegen den Irak wiederholen. Und wenn es auch wenig bekannt ist: Das Wirken der Sanktionen hat das Überleben der Iraker von einer zentralisierten Nahrungsmittelverteilung durch die Regierung abhängig gemacht, und die Hilfsorganisationen haben bereits davor gewarnt, dass es bei Beginn eines Krieges zu einer humanitären Katastrophe kommen wird.«

> Der irakische Diktator ist ein Schüler Stalins, der Mord als Mittel des Terrors und der Kontrolle innerhalb seines eigenen Kabinetts, seiner Armee und sogar innerhalb seiner eigenen Familie einsetzt.
> Auf Befehl von Saddam Hussein wurden Oppositionelle enthauptet, Ehefrauen und Mütter politischer Gegner als Mittel der Demütigung systematisch vergewaltigt und politische Gefangene wurden gezwungen zuzusehen, wie ihre Kinder gefoltert wurden.

Jensen: »All das und mehr ging vor sich, als der Irak noch ein ›geschätzter Verbündeter‹ der Vereinigten Staaten war – welche Heuchelei daher in den folgenden Zeilen.«

> Amerika glaubt daran, dass alle Menschen ein Recht auf Hoffnung und Menschenrechte – die nicht verhandelbaren Grundvoraussetzungen menschlicher Würde – haben.
> Überall auf der Welt ziehen Völker Freiheit der Sklaverei vor,

Wohlstand dem Elend, Selbstverwaltung einem Regime des Schreckens und der Gewalt.

Amerika ist ein Freund des irakischen Volkes.

Anthony Arnove, Herausgeber des Buches *Iraq Under Siege*: »Aber das irakische Volk hat guten Grund das anders zu sehen. Nicholas Kristof von der *New York Times* berichtet in einem Artikel vom 4. Oktober aus Bagdad, ›zwar waren die Iraker bei persönlichen Begegnungen sehr freundlich zu mir, [...] auf die Vereinigten Staaten von Amerika aber hatten sie nach elf Jahren wirtschaftlicher Sanktionen eine ausgewachsene Wut. [...] Schlimmer noch, die amerikanischen Bomben auf Trinkwasseraufbereitungsanlagen, Schwierigkeiten beim Import von Aufbereitungschemikalien wie Chlor (das schließlich auch zur Herstellung von Waffen benutzt werden kann) und eine Verknappung der medizinischen Versorgung haben nach Angaben der FAO (Food and Agricultural Organization der Vereinten Nationen) die Säuglingssterblichkeit mehr als verdoppelt.‹ Ein weiterer Krieg gegen den Irak – dieses Mal ein ›Präventivschlag‹ mit dem Ziel eines ›Regimewechsels‹ – wird weitere zivile Opfer fordern und der irakischen Infrastruktur noch mehr Schaden zufügen. Und die Iraker fürchten mit Recht, dass das von Washington eingesetzte Regime eines sein wird, das in Verletzung ihres Rechts auf Selbstbestimmung den amerikanischen Interessen dienen wird und nicht ihren eigenen. Wir sollten uns an die Folgen des letzten Krieges erinnern: Golfkriegsveteran Anthony Swafford, ehemals Maat der amerikanischen Marine, erinnerte sich in einem Artikel in der *New York Times* vom 2. Oktober: ›Ich war am Boden Zeuge der verheerenden Folgen der amerikanischen Luftüberlegenheit: Panzer und Mannschaftswagen lagen kopfüber, das Innerste nach außen gekehrt, verwesende, verbrannte, halb vergrabene Leichen bedeckten den Wüstenboden wie Unrat aus vielen Jahren – nicht Wochen – des Kämpfens.‹ Wir sollten Bushs angeblicher Sorge um das irakische Volk skeptisch gegenüberstehen. Sein wahres Interesse in diesem Krieg ist weder das irakische Volk noch der Schutz des amerikanischen vor Angriffen, sondern die Ausweitung der amerikanischen Hegemonie im Nahen Osten.«

Unsere Forderungen richten sich nur gegen die Regierung, die es [das irakische Volk] versklavt und uns bedroht. Werden diese Forderungen erfüllt, so wird der erste und größte Nutzen den irakischen Männern, Frauen und Kindern zuteil werden. Die Unterdrückung der Kurden, Assyrer, Turkmenen, Schiiten, Sunniten und anderer wird ein Ende haben. Die lange Gefangenschaft des irakischen Volkes wird zu Ende gehen, und es wird eine neue Ära der Hoffnung anbrechen.

Jennings: »Der Präsident hat wiederholt erklärt: ›Wir haben keinen Streit mit dem irakischen Volk.‹ In seiner Rede zur Lage der Nation am 7. Oktober sagte er, ›Amerika ist ein Freund des irakischen Volkes‹. Versuchen Sie das mal einem meiner Freunde in Bagdad beizubringen, der nach einem amerikanischen Bombenangriff aus seinem Haus trat und sah, wie der Kopf seines Nachbarn die Straße hinunter rollte. Oder dem Taxifahrer, dessen vier Jahre altes Kind nach Bill Clintons Ablenkungsbombardement zur Zeit von ›Monicagate‹ 1998 drei Tage lang nicht aufhören konnte zu zittern. Versuchen Sie es der Mutter von Omran Ibn Jwair zu sagen, die ich in dem Dorf Toq al Ghazzalat kennen lernte, kurz nachdem eine amerikanische Rakete ihren dreizehnjährigen Sohn auf dem Feld getötet hatte, wo er Schafe hütete. Versuchen Sie es den vielen hundert Müttern zu erzählen, die ich weinend über ihre sterbenden Babys gebeugt in irakischen Krankenhäusern gesehen habe und den Hunderttausenden Eltern, die ihre Säuglinge aufgrund jener grausamen US-Blockade verloren haben, die sich euphemistisch ›Sanktionen‹ nennt. Sollte das irakische Volk wirklich jubeln, nun, da ihm von seinen so genannten Freunden ein neuer Krieg aufgezwun-

gen wird? Es ist begreiflich, dass die Menschen nach den fürchterlichen Anschlägen vom 11. September Angst haben. Aber Angst ist
kein guter Grund, das Denken aufzugeben. Tatsache ist, dass gerade dann, wenn wir uns in Gefahr befinden, ein klarer Kopf das
Allerwichtigste ist.«

> Irak ist ein Land, das reich an Kultur, Ressourcen und Talenten ist.
> Ist das irakische Volk erst einmal von der Last der Unterdrückung
> befreit, wird es imstande sein, am Fortschritt und am Wohlstand
> unserer Zeit teilzuhaben. Falls dazu Militäraktionen nötig sein
> sollten, werden die Vereinigten Staaten und ihre Verbündeten
> dem irakischen Volk helfen, seine Wirtschaft neu aufzubauen
> und in einem vereinten Irak, der im Frieden mit seinen Nachbarn
> lebt, die Institutionen der Freiheit einzurichten.
>
> Noch im Verlauf dieser Woche wird es im amerikanischen Kon-
> gress eine Abstimmung zu diesem Thema geben. Ich habe den
> Kongress gebeten, den Einsatz des amerikanischen Militärs zu
> billigen, falls sich dies als notwendig erweisen sollte, um die For-
> derungen des UN-Sicherheitsrates durchzusetzen.

John Berg, Verfassungsrechtler an der Suffolk University: »Unsere
Konstitution legt klar fest, dass der Kongress und nicht der Präsident den ›Krieg zu erklären‹ – das heißt, die Entscheidung zu treffen hat, dass in einer bestimmten Situation ein Krieg notwendig ist.
Tritt der Kongress diese Entscheidung an den Präsidenten ab, so
käme dies einer Aufgabe seiner verfassungsmäßigen Verantwortung gleich.«

Zunes: »Gemäß Ziffer 41 und 42 der Charta der Vereinten Nationen kann dies nur dann geschehen, wenn der UN-Sicherheitsrat bei
dem Betreffenden einen schwerwiegenden Verstoß gegen seine
Resolution feststellt, alle nicht militärischen Mittel für erschöpft
erklärt und den Einsatz von Gewalt ausdrücklich billigt. Andern-

falls ist es illegal. Kongressmitglieder wären demnach verpflichtet, dagegen zu stimmen, da – gemäß Artikel IV der US-amerikanischen Verfassung – internationale Verträge wie die Charta der Vereinten Nationen Priorität vor den Gesetzen des Landes haben. Hinzu kommt: Wenn die Vereinigten Staaten aufgrund eines Verstoßes gegen die Resolutionen des UN-Sicherheitsrates in den Irak einmarschieren können, dann können die Briten nach Marokko einmarschieren, die Franzosen in die Türkei, Russland in Israel und so weiter.«

Diesem Antrag stattzugeben bedeutet nicht, militärische Aktionen für beschlossen oder unvermeidlich zu erklären. Dieser Beschluss wird den Vereinten Nationen und allen Nationen mitteilen, dass Amerika mit einer Stimme spricht und entschlossen ist, den Forderungen der zivilisierten Welt Nachdruck zu verleihen. Der Kongress lässt damit außerdem dem Diktator im Irak eine Botschaft zukommen: nämlich die, dass seine einzige Chance in uneingeschränkter Erfüllung seiner Verpflichtungen liegt – und dass er nur begrenzt Zeit hat, diese Chance zu nutzen.

Die Angehörigen des Kongresses stehen vor einer historischen Abstimmung, und ich bin zuversichtlich, dass sie die Tatsachen und ihre Pflichten voll und ganz überdacht haben.

Die Anschläge vom 11. September haben unserem Land gezeigt, dass riesige Meere uns nicht mehr vor großen Gefahren zu schützen vermögen. Vor diesem tragischen Datum verfügten wir einzig über vage Hinweise auf al-Qaidas Vorhaben und Pläne.

Heute sehen wir im Irak eine sehr viel klarer umrissene Bedrohung – die in letzter Konsequenz tödlich sein kann. Saddam Husseins Handeln hat uns auf den Plan gerufen – und es gibt keine Flucht aus dieser Verantwortung.

Wir haben um seine gegenwärtige Herausforderung nicht gebeten, aber wir nehmen sie an. Wie andere Generationen von Amerikanern werden wir uns der Verantwortung stellen, die Freiheit des Menschen gegen Gewalt und Aggression zu verteidigen. Durch unsere Entschlossenheit, verleihen wir anderen Stärke. Durch unseren Mut spenden wir anderen Hoffnung. Durch unser Handeln werden wir den Frieden sichern und die Welt besseren Zeiten entgegen führen.

Phyllis Bennis, Autorin von *Before & After: US Foreign Policy and the September 11 Crisis* und Mitarbeiterin am Institut für Politische Wissenschaft: »Die Rede von Präsident Bush war nicht an den Kongress, sondern stattdessen an die öffentliche Meinung Amerikas gerichtet (in der die Unterstützung zu schwinden beginnt) sowie an die internationalen Verbündeten bei den Vereinten Nationen (unter denen die Vereinigten Staaten sich in klarer Isolation befinden). Sie war so konzipiert, dass die Aufmerksamkeit von den tatsächlichen Gründen für den bevorstehenden Krieg abgelenkt wurde: Öl und Macht. Ihr zentrales Ziel war, die politische Karte des Nahen Ostens neu zu zeichnen, und sie hatte nichts zu tun mit einer besonderen Gefahr, die von einem bestimmten Diktator ausgeht. Die Verbrechen des irakischen Regimes sind schwer und haben eine lange Vergangenheit – sie reichen zurück in die Tage massiver wirtschaftlicher und militärischer Unterstützung durch die Vereinigten Staaten und bis zu jenem Tag, an dem die Vereinigten Staaten ihm jene Ausgangskulturen für Milzbrand- und andere Krankheitserreger überlassen haben, vor denen uns Präsident Bush jetzt warnt. Ein massives Bombardement Bagdads, einer Stadt mit mehr als fünf Millionen Einwohnern – Großmüttern, Teenagern, Kindergartengruppen – wird für die Überlebenden keine Menschenrechte sichern, und schon gar nicht für die, die den Bomben zum Opfer fallen werden.«

[Zusammengestellt vom Institute für Public Accuracy am 8. Oktober 2002.]

III. Eine Analyse der am 8. November 2002 verabschiedeten Resolution 1441 des Sicherheitsrats der Vereinten Nationen

[A.d.Ü.: Der vollständige Text aller Irak-Resolutionen des UN-Sicherheitsrats in der offiziellen Fassung des Deutschen Übersetzungsdienstes der Vereinten Nationen, New York, findet sich unter: www.un.org/Depts/german/sr/sr_them/irak.htm]

> Der Sicherheitsrat, unter Hinweis auf alle seine früheren einschlägigen Resolutionen, insbesondere seine Resolutionen 661 (1990) vom 6. August 1990, 678 (1990) vom 29. November 1990, 686 (1991) vom 2. März 1991, 687 (1991) vom 3. April 1991, 688 (1991) vom 5. April 1991, 707 (1991) vom 15. August 1991, 715 (1991) vom 11. Oktober 1991, 986 (1995) vom 14. April 1995 und 1284 (1999) vom 17. Dezember 1999 sowie alle einschlägigen Erklärungen seines Präsidenten, [...]

Phyllis Bennis: »Dazu Außenminister Colin Powell: ›Sollte der Irak gegen diese Resolution verstoßen und seine Pflichten nicht erfüllen, so hat der Rat unverzüglich in Erwägung zu ziehen, was dagegen zu unternehmen ist, wobei die Vereinigten Staaten und andere gleich gesinnte Nationen sich vorbehalten, selbst ein Urteil zu fällen, was zu tun ist, falls der Sicherheitsrat sich dafür entscheidet, nicht zu handeln.‹ Mit anderen Worten: Falls die Entscheidung des Sicherheitsrats nicht mit der übereinstimmt, die die Bush-Regierung im Alleingang getroffen hat, wird Washington dessen ungeachtet seine eigene Entscheidung verfolgen. Das entspricht einer

durch und durch instrumentalisierenden Sicht der Vereinten Nationen, wonach sich deren Bedeutung und Autorität ausschließlich
nach ihrer Nähe zur Position Washingtons bemisst.«

Denis Halliday, ehemaliger Stellvertretender UN-Generalsekretär
und Leiter des Öl-für-Lebensmittel-Programms der Vereinten Nationen im Irak:»Glauben wir wirklich das Märchen, Washingtons
Propaganda, der Irak stelle eine Gefahr dar? Wir alle wissen – das
Thema heißt Öl, Öl und noch mehr Öl. Und die amerikanische
Kontrolle darüber. Die neue UN-Resolution ist eine Fassade, ein
Instrument der Vertuschung. Trotzdem ist sie durchsichtig genug,
dass sich die Stolperdrähte, Haken und Ösen nebst einer gefährli-
chen Zweideutigkeit ausmachen lassen; alles ist so angelegt, dass
der Irak praktisch nicht darum herumkommt, einen schweren Ver-
stoß gegen die Resolution zu begehen. In diesem Fall ließe sich
Bushs Krieg wunderbar hinter der Respektabilität der Vereinten
Nationen verbergen – obwohl dieser Krieg längst begonnen hat mit
jenen zwölf Jahren eines tödlichen Embargos, den Bomben in der
Flugverbotszone und dem gegenwärtigen Truppenaufmarsch von
Heer, Marine und Luftwaffe am Golf, in Kuwait und so weiter. Ge-
nau wie bei den Vorbereitungen der US-Armee vor der Invasion
Kuwaits im Jahre 1990 befindet sie sich auch jetzt bereits im Trai-
ning und ist einsatzbereit – Bagdad ist einmal mehr angeführt. Die
Resolution ist wenig mehr als ein Beruhigungsmittel für andere
Nationen und eine Antwort auf den Druck im eigenen Land, der
Bush im September vor die Generalversammlung getrieben hat, wo
er sämtlichen Mitgliedsstaaten in schamloser Weise drohte. Druck
auf Bagdad, seinen Verpflichtungen nachzukommen, wird den
Krieg nicht verhindern – massiver Druck auf das Bush-Regime hingegen vielleicht. Sich vorzumachen, dass diese Resolution einen
Fortschritt oder einen Schritt in die richtige Richtung darstellt oder
zur Hoffnung berechtigt, ist in meinen Augen naiv und gefährlich.«

James Paul, geschäftsführender Direktor des Global Policy Forums das die globale Politik der Vereinten Nationen verfolgt, ist Autor einer Reihe von Artikeln, darunter auch von ›Irak, der Kampf ums Öl‹: »Diese Resolution verfolgt einen unnachgiebigen Ansatz, der nahezu mit Sicherheit in einen Krieg münden wird. Dreizehn Mitglieder des Sicherheitsrats waren gegen diese Resolution oder zumindest zutiefst skeptisch, aber Washington übte massiven Druck aus und zwang ihnen schlussendlich seinen Willen auf. Die Vereinigten Staaten haben sich derselben Holzhammer-Diplomatie bedient wie bei der Resolution im Vorfeld des ersten Golfkriegs 1990 auch. Der damalige Außenminister James Baker hat später in seiner Autobiografie berichtet, wie er die Stimmen für Resolution Nummer 687 zusammengebracht hat: ›Ich habe mich persönlich mit all meinen Gegenspielern im Sicherheitsrat getroffen, ein diffiziler Prozess aus Schmeicheleien, Aushorchen, Drohen und hier und da auch dem Kauf von Stimmen. Das sind nun einmal die Strategien eines Politikers.‹« [Weitere aktuelle Stellungnahmen von Paul unter www.accuracy.org/press_releases/PR092402.htm, www.accuracy.org/press_releases/PR100202.htm]

Francis Boyle, Professor für Internationales Recht an der Juristischen Fakultät der Universität von Illinois: »Im Jahre 1990 haben Frankreich, die Sowjetunion und China den Irak gemeinsam im Sicherheitsrat verraten. [...] Russland lässt sich kaufen, indem man ihm Zugang zur WTO und freie Hand in Georgien und Tschetschenien gewährt sowie die Wahrung seiner Ölinteressen im Irak ermöglicht. China will einen Verkaufsstopp vermeintlich hoch entwickelter Waffen an Taiwan. Frankreich will seine Ölinteressen im Irak geschützt sehen und seinen Einfluss auf den Französisch sprechenden Teil Afrikas nicht verlieren. Der Kuhhandel muss noch abgeschlossen werden. Unterdessen spielt Kofi Annan die Rolle des Pontius Pilatus. Man erinnere sich, dass der UN-Generalsekretär laut Charta nicht Laufbursche der fünf ständigen Mitglieder zu sein hat. Und doch ist er es. Das Wesentliche ist, dass die Regierung Bush jun. ursprünglich – vergeblich – versucht hat, beim UN-Sicherheitsrat dieselbe Sprachregelung zu erreichen, die einst die Regierung Bush sen. in Resolution 679 (1990) durchgesetzt hatte, welche die UN-Mitgliedsstaaten autorisierte, ›jedes erforderliche Mittel einzusetzen‹, den Irak aus Kuwait zu vertreiben. Somit bliebe ein einseitiger Angriff auf den Irak seitens der Vereinigten Staaten und Großbritanniens ohne weitere Autorisierung durch den Sicherheitsrat weiterhin illegal und damit ein Akt der Aggression. Im Bewusstsein dieser Tatsache sollen einige britische Regierungsvertreter bereits Angst vor einer Verfolgung durch den Internationalen Strafgerichtshof geäußert haben. Und die Regierung Bush jun. unternimmt alles Menschenmögliche, um den Strafgerichtshof zu sabotieren, damit von vornherein jedwede Aussicht auf die Verfolgung hochrangiger Vertreter der US-Regierung wegen eines Kriegs gegen den Irak im Keim erstickt wird. Rechtsanwälte bezeichnen dies als ›volles Bewusstsein der eigenen Schuld‹.«

[...] sowie unter Hinweis auf seine Resolution 1382 (2001) vom 29. November 2001 und seine Absicht, diese vollständig durchzuführen, [...]

Glen Rangwala, Politikdozent an der Universität Cambridge, GB: »Der neue Verweis auf Resolution 1382, die als einzige in diesem Absatz erwähnt wird und in vorhergehenden Entwürfen unerwähnt geblieben ist, verblüfft. Die mit ihr beschlossene Verlängerung des Öl-für-Lebensmittel-Programms lief im Mai 2002 aus, und sie wurde durch Resolution 1409 (2002) ersetzt, das heißt, die Absichtserklärung zu ihrer vollständigen Durchführung ist kein Bekenntnis zur Fortsetzung des Öl-für-Lebensmittel-Programms. Resolution 1382 macht es dem Sicherheitsrat auch nicht zur Aufgabe, die Sanktionen – weder das Import- noch das Exportverbot – bei einer irakischen Befolgung seiner Abrüstungsforderungen zu lockern: [A.d.Ü.: Ziffer 4 dieser Resolution verpflichtet den Irak lediglich zur Kooperation bei der Durchführung dieser Resolution und aller anderen.] Es ist möglich, dass den Mitgliedern des Sicherheitsrats dieser Teil der Resolution nicht korrekt vermittelt worden ist. Berichten zufolge hatten mehrere Sicherheitsratsmitglieder dafür gestimmt, die nachgewiesene erfolgreiche Entwaffnung des Irak wieder an die Lockerung der Sanktionen zu koppeln. Die Vereinigten Staaten und Großbritannien mögen diesen Präambel-Paragrafen als Zugeständnis sehen, aber in Wirklichkeit ist er das keineswegs.« [In Resolution 687 (Ziffer 22) war beschlossen worden, dass die wirtschaftlichen Sanktionen zu lockern seien, wenn der Irak mit den Waffeninspekteuren zusammenarbeite, aber die amerikanische Regierung hat wiederholt erklärt, sie werde sich dem nicht beugen, siehe www.accuracy.org/iraq]

[...] in Erkenntnis der Bedrohung, die Iraks Nichtbefolgung der Resolutionen des Rates sowie die Verbreitung von Massenvernichtungswaffen und Langstreckenflugkörpern für den Weltfrieden und die internationale Sicherheit darstellen, [...]

James Jennings: »Die Präambel allein liefert bereits mehrere Gründe, ungeachtet sämtlicher Ziffern im Hauptteil der Resolution, den Irak anzugreifen. Sie verweist auf frühere Resolutionen und wiederholt den Einsatz ›aller erforderlichen Maßnahmen‹ zur Durchsetzung der Ziele des Sicherheitsrats. Sie geht davon aus, dass der Irak sich der Verbreitung von Massenvernichtungswaffen bereits schuldig gemacht und verbotene Arten von Langstreckenraketen entwickelt hat, ohne gleichzeitig darauf zu verweisen, dass die UNSCOM sich in der Vergangenheit bereits erfolgreich mit dieser Frage befasst hat. Es ist unlogisch, die Anschuldigungen, mit deren Überprüfung man die UNMOVIC beauftragt hat, bereits als erwiesen anzunehmen, wenn die neuen Inspektionen noch nicht einmal begonnen haben.«

Rahul Mahajan: »Behauptungen, denen zufolge der Irak eine Gefahr für den internationalen Frieden und die internationale Sicherheit darstellt, sind durch und durch unhaltbar. George Tenet, der Direktor der CIA, wies Bushs Anschuldigungen in einem Brief an den Senat zurück, in dem er deutlich darlegte, dass die Gefahr eines irakischen Angriffs mit Massenvernichtungswaffen buchstäblich nicht vorhanden sei, außer womöglich im Falle eines Krieges der USA mit dem Ziel eines ›Regimewechsels‹. Niemand behauptet, dass der Irak Nuklearwaffen besitzt, niemand hat auch nur den geringsten Beweis dafür vorgelegt, dass der Irak imstande ist, biologische Kampfstoffe waffenfähig zu machen, und es ist recht deutlich, dass die Kapazitäten des Irak für chemische Waffen nur äußerst gering sein können. Als Tony Blair ein Dossier vorlegte, das die von Irak ausgehende Gefahr belegen sollte, wartete die Labour Party prompt mit einem Gegendossier auf, und Glen Rangwala listete eine Reihe von Anmerkungen auf, die über dieses noch hinausgingen. Blair spricht für die Labour Party, und die CIA ist Teil der amerikanischen Exekutive, Bush und Blair sind also nicht einmal imstande, ihre eigenen Leute dazu zu bringen, diese absurden Behauptungen zu stützen. Selbst wenn der Irak Massenvernichtungswaffen besitzen sollte, so hat bisher niemand erklärt, warum er einen sicheren und massiven Gegenschlag riskieren sollte, wenn er direkt angriffe oder die Waffen irgendeiner Terroristenorganisation überließe.«

[...] daran erinnernd, dass die Mitgliedstaaten durch seine Resolution 678 (1990) ermächtigt wurden, alle erforderlichen Mittel einzusetzen, um seiner Resolution 660 (1990) vom 2. August 1990 und allen nach Resolution 660 (1990) verabschiedeten einschlägigen Resolutionen Geltung zu verschaffen und sie durchzuführen und den Weltfrieden und die internationale Sicherheit in dem Gebiet wieder herzustellen, [...]

Rangwala: »Dieser Paragraf ist ein klarer Versuch, die Bombardierungen des Irak seit 1991 im Nachhinein zu legalisieren. Er vermittelt den Eindruck, dass Resolution 678 den Einsatz von Gewalt billigt, um sämtliche Irak-Resolutionen von 1990 bis heute durchzusetzen. Das ist eindeutig nicht wahr: Resolution 678 rechtfertigt einzig den Einsatz ›aller erforderlichen Mittel‹ zur Durchsetzung der Irak-Resolutionen, die zwischen dem 2. August und dem 29. November 1990 erlassen wurden. Diese Position ist von verschiedenen Mitgliedern des Sicherheitsrats seit 1991 bis zum Erbrechen wiederholt worden, und kein anderer Staat außer Großbritannien und den Vereinigten Staaten beharrt auf einer anderen als einer wortgetreuen und sinnvollen Auslegung dieser Resolution.«

Mahajan: »Die Berufung auf Resolution 678 ist ein weiterer Schritt bei dem absurden Versuch zu behaupten, dass diese Resolution gewissermaßen für alle Zeiten jeden Einsatz von Gewalt gegen den Irak rechtfertige, wenn dieser dazu dient, die Resolutionen des Sicherheitsrats durchzusetzen. Dazu würde auch gehören, dass Resolution 678 die Einrichtung der Flugverbotszonen beinhaltet, eine neue Behauptung, auf die bisher noch keine Regierung verfallen ist. Zwar autorisiert Resolution 678 ›alle erforderlichen Maßnahmen‹ zur Durchsetzung von ›Resolution 660 und allen dazu später verabschiedeten Resolutionen‹, doch die einzig vernünftige Auslegung dieser Formulierung umfasst alle ›später verabschiedeten Resolutionen‹ bis zur Verabschiedung von Resolution 678 und nicht sämtliche künftigen Resolutionen.«

Ratner: »Es ist absurd, in juristischer Hinsicht wie in jeder anderen, zu behaupten, frühere Resolutionen könnten den Einsatz von Gewalt zur Durchsetzung nachfolgender Resolutionen rechtfertigen.«

[...] ferner daran erinnernd, dass er als notwendigen Schritt zur Herbeiführung seines erklärten Ziels der Wiederherstellung des Weltfriedens und der internationalen Sicherheit in dem Gebiet Irak mit seiner Resolution 687 (1991) Verpflichtungen auferlegte, missbilligend, dass Irak die in Resolution 687 (1991) verlangte genaue, vollständige und endgültige Offenlegung aller Aspekte seiner Programme zur Entwicklung von Massenvernichtungswaffen und von ballistischen Flugkörpern mit einer Reichweite von mehr als 150 Kilometern sowie aller seiner Bestände derartiger Waffen, ihrer Komponenten und Produktionseinrichtungen und ihrer Standorte sowie aller sonstigen Nuklearprogramme, einschließlich jener, bezüglich derer Irak geltend macht, dass sie nicht Zwecken im Zusammenhang mit kernwaffenfähigem Material dienen, nicht vorgenommen hat,

ferner missbilligend, dass Irak den sofortigen, bedingungslosen und uneingeschränkten Zugang zu den von der Sonderkommission der Vereinten Nationen (UNSCOM) und der Internationalen Atomenergie-Organisation (IAEO) bezeichneten Stätten wiederholt behindert hat und dass Irak nicht, wie in Resolution 687 (1991) gefordert, voll und bedingungslos mit den Waffeninspektoren der UNSCOM und der IAEO kooperiert hat und schließlich 1998 jede Zusammenarbeit mit der UNSCOM und der IAEO eingestellt hat, [...]

Jennings: »Die Präambel missbilligt die Tatsache, dass der Irak jede Zusammenarbeit mit der UNSCOM eingestellt hat, sagt aber nichts darüber, warum das geschehen ist, nämlich aufgrund nachgewiesener Fälle von Spionage, was mit Sicherheit von Bedeutung sein sollte, hätte der Sicherheitsrat ein wirkliches Interesse daran, den UNMOVIC-Operationen eine vernünftige Ausgangsbasis zu verschaffen.«

Sam Husseini, Kommunikationsleiter am Institute for Public Accuracy: »Die UNSCOM hat sich nach Vorlage eines unzutreffenden Berichtes, der einen Vorwand für die amerikanische Bombardierungen im Rahmen der Operation ›Desert Fox‹ im Dezember 1998 lieferte, aus dem Irak zurückgezogen. Der eine oder andere mag sich daran erinnern, dass dies am Vorabend der angesetzten Abstimmung zur Amtsenthebung von Präsident Clinton geschah. Die UNSCOM ist nicht nur zu Spionagezwecken missbraucht worden, sondern hat auch den Vorwand für Bombenangriffe geliefert. Sie hat sich als Instrument der Waffeninspektionen selbst die Legitimation entzogen. Wenn der Sicherheitsrat nunmehr einseitig den Irak beschuldigt, nicht mit der UNSCOM zu kooperieren, so ist das absurd.« [Siehe: www.accuracy.org/articles/twisted-policy.html]

Mahajan: »Auch wenn es zutrifft, dass der Irak wiederholt den Zutritt verweigert hat, so ist seine Bereitschaft zur Zusammenarbeit doch sehr hoch – sehr viel höher als die Bereitwilligkeit der meisten anderen Nationen, wenn es um bindende Entscheidungen wie die Resolutionen des Sicherheitsrats oder Urteile des Internationalen Gerichtshofs geht. Israel beispielsweise verstößt ohne erkennbare Zeichen von Entgegenkommen gegen zahlreiche Resolutionen des Sicherheitsrats [www.fpif.org/commentary/2002/0210unres. html]. Die Vereinigten Staaten gebrauchen ihr Vetorecht gegen Resolutionen, die gegen sie selbst gerichtet sind, beispielsweise im Falle der Resolution gegen ihre Invasion Panamas. Einen Entscheid des Internationalen Gerichtshofs, der sie auffordert, ihre terroristischen Operationen in Nicaragua zu beenden und 17 Milliarden Dollar Entschädigung zu bezahlen, haben sie vollständig ignoriert.«

[...] missbilligend, dass die in den einschlägigen Resolutionen geforderte internationale Überwachung, Inspektion und Verifikation von Massenvernichtungswaffen und ballistischen Flugkörpern in Irak seit Dezember 1998 nicht mehr stattfindet, obwohl der Rat wiederholt verlangt hat, dass Irak der in Resolution 1284 (1999) als Nachfolgeorganisation der UNSCOM eingerichteten Überwachungs-, Verifikations- und Inspektionskommission der Vereinten Nationen (UNMOVIC) und der IAEO sofortigen, bedingungslosen und uneingeschränkten Zugang gewährt, sowie mit Bedauern über die dadurch verursachte Verlängerung der Krise in der Region und des Leids der irakischen Bevölkerung, [...]

Husseini: »Das ist grundsätzlich falsch. Es liest sich, als sei das Leid der irakischen Bevölkerung darauf zurückzuführen, dass der Irak mit den Waffeninspekteuren nicht zusammenarbeitet. Das stimmt nicht. Im Widerspruch zu dem, was in Resolution 678 festgeschrieben steht, hat die US-Regierung wiederholt erklärt, dass sie mit den wirtschaftlichen Sanktionen auch fortfahren wird, wenn der Irak mit den Waffeninspekteuren uneingeschränkt zusammenarbeitet. Das heißt, dass die US-Politik des vergangenen Jahrzehnts ausdrücklich demotivierend auf die irakische Bereitschaft zur Zusammenarbeit mit den Waffeninspekteuren gewirkt und sichergestellt hat, dass die verheerenden wirtschaftlichen Sanktionen ohne berechtigten Grund unbefristet aufrechterhalten werden.« [Siehe: *Autopsy of a Disaster: The U.S. Sanctions Policy on Iraq*]

Rangwala: »Das ist reine Fantasie: Der Sicherheitsrat hat nicht ›wiederholt verlangt‹, dass der Irak mit der UNMOVIC zusammenarbeitet, er hat dies nur einmal verlangt, und zwar in Resolution 1284 (1999). In keiner weiteren Resolution nach deren Verabschiedung wird die UNMOVIC auch nur erwähnt.«

Jennings: »In dem Dokument ist die Rede von ›Bedauern über die [...] Verlängerung [...] des Leids der irakischen Bevölkerung‹. Man bekommt jedoch den Eindruck, als ginge es den Verfassern lediglich um die Absage einer Einladung zum Fünf-Uhr-Tee, und nicht um das Eingeständnis ihrer Mittäterschaft bei der Verhängung drakonischer Sanktionen, die den sinnlosen Tod mehrerer hunderttausend Menschen zur Folge hatten.«

Ratner: »Die Schuld für das Leid der irakischen Bevölkerung dem Irak in die Schuhe zu schieben, heißt, die Geschichte umzuschreiben und die USA einfach davonkommen zu lassen. Die Vereinigten Staaten haben es, trotz aller Anstrengungen von Seiten Russlands und Frankreichs, das Embargo in Reaktion auf die irakische Einwilligung in die Inspektionen bezüglich ihrer mutmaßlichen Atomwaffenforschung zu lockern, wiederholt abgelehnt, irgendwelche Änderungen an den Sanktionen vorzunehmen.«

[...] sowie missbilligend, dass die Regierung des Irak ihren Verpflichtungen nach Resolution 687 (1991) betreffend den Terrorismus, nach Resolution 688 (1991) betreffend die Beendigung der Unterdrückung seiner Zivilbevölkerung und die Gewährung des Zugangs für die internationalen humanitären Organisationen zu allen hilfsbedürftigen Personen in Irak sowie nach den Resolutionen 686 (1991), 687 (1991) und 1284 (1999) betreffend die Repatriierung von Staatsangehörigen Kuwaits und dritter Staaten, die von Irak widerrechtlich festgehalten werden, die Zusammenarbeit bei der Klärung ihres Verbleibs sowie die Rückgabe aller von Irak widerrechtlich beschlagnahmten kuwaitischen Vermögenswerte nicht nachgekommen ist, [...]

Rangwala: »Durch die Aufnahme eines Verweises auf Resolution 688 und die Forderung nach einer ›Beendigung der Unterdrückung seiner Zivilbevölkerung durch den Irak‹ in eine Resolution, die neue Maßstäbe für die irakische Zusammenarbeit setzen soll, halten sich die USA und Großbritannien die Möglichkeit offen, zu behaupten, dass der Irak diese neue Resolution nicht erfüllt, selbst wenn es bezüglich der Abrüstungsforderungen größte Fortschritte zu verzeichnen gäbe. Es ist der Erwähnung wert, dass der Sicherheitsrat den Verweis auf Resolution 688 in keine der vorhergehenden Resolutionen zur Abrüstung des Irak aufgenommen hat – so erwähnt beispielsweise Resolution 1284, mit der die UNMOVIC ins Leben gerufen wurde, 688 mit keinem Wort. Die Verlagerung der britisch-amerikanischen Politik, die in dieser Hinsicht stattgefunden hat, ist Anlass zu ernsthafter Sorge.«

Jennings: »Der Vorwurf der Beteiligung an einem nicht näher definierten ›Terrorismus‹ ist in dem derzeitigen gespannten politischen und militärischen Klima schon für sich genommen ein möglicher Vorwand für einen Krieg. Wenn an der Behauptung irgendetwas dran ist, sollte dies im Einzelnen ausgeführt werden. Wenn nicht, sollte man sie herausnehmen. Vielleicht sollte das US-Außenministerium den Bericht der CIA lesen, der diese Anklage gegen den Irak ausdrücklich herunterspielt. Der Vorwurf, dass Irak seinen ›Verpflichtungen [...] betreffend [...] die Gewährung des Zugangs für die internationalen humanitären Organisationen zu allen hilfsbedürftigen Personen in Irak [...] nicht nachgekommen ist‹, trifft so nicht zu. Internationale Hilfsorganisationen hatten Jahre hindurch im gesamten Land bemerkenswert freien Zugang und genossen ein hohes Maß an Kooperation von Seiten offizieller irakischer Stellen. Die Formulierung, man habe nicht ›zu allen‹ hilfsbedürftigen Personen Zugang erhalten, bezieht sich allem Anschein nach auf Verschleppte und Gefangene. Es wäre demnach korrekter festzustellen, dass bestimmten internationalen Organisationen wie dem Roten Kreuz zu bestimmten Personengruppen, die humanitärer Hilfe bedürften, kein Zugang gewährt wurde. Es ist allerdings auch nicht klar, ob dieses Recht laut UN-Charta oder anderen existierenden Resolutionen garantiert ist, oder ob irgendeiner anderen Instanz als der Regierung des Irak Mandat und Verantwortung zukommt, ›allen‹ zu helfen, die in diesem Lande hilfsbedürftig sind. Schließlich haben die UNO und andere Organisationen ausdrücklich darauf verwiesen, dass sie, selbst wenn sie es wollten, aufgrund ihrer beschränkten Budgets und des Ausmaßes an Not und Hilfsbedürftigkeit nicht alle unterstützen können, die Hilfe brauchen. Die kürzliche Generalamnestie im Irak war möglicherweise ein Versuch, dieses Thema als Kriegsgrund aus der Welt zu schaffen.«

Mahajan: »Der Irak hat zahlreiche bedeutsame Schritte unternommen, kuwaitische Vermögenswerte zurückzugeben, in die jüngste Zeit fällt ein Abkommen zur Rückgabe von Teilen des kuwaitischen Nationalarchivs. Es gibt keine Beweise dafür, dass der Irak seinen Verpflichtungen, was den Verbleib des Eigentums von Kuwait und dritten Staaten betrifft, nicht nachgekommen ist. Wahrscheinlich ist, dass zumindest ein Teil davon bei jenem so genannten ›Highway des Todes‹-Massaker der US-Streitkräfte bis zur Unkenntlichkeit verkohlt ist und die Iraker keinerlei Möglichkeit haben, über seinen Verbleib Rechenschaft abzulegen. [...] Überaus ernst zu nehmen ist die Aufnahme der Formulierung, dass der Irak seinen Verpflichtungen nach Resolution 687 (1991) den Terrorismus betreffend nicht nachgekommen ist. Ohne genauere Spezifizierungen handelt es sich hierbei lediglich um eine weitere Anspielung von der Sorte, die die Bush-Regierung wiederholt benutzt hat, um den Irak ohne Vorhandensein jeglicher Beweise mit den Anschlägen vom 11. September in Verbindung zu bringen. Einer der wenigen konkret geäußerten Vorwürfe in diesem Zusammenhang lautet, dass der Irak 1993 in ein angebliches Komplott zur Ermordung des damaligen Präsidenten George Bush sen. bei dessen Besuch in Kuwait beteiligt gewesen sein soll. Dieser Vorwurf wurde unter anderem von Seymour Hersh gründlich entkräftet. Die Indizien waren so schwach, dass der Vorwurf in den Stellungnahmen von offizieller amerikanischer Seite darauf reduziert wurde, man habe festgestellt, dass gewisse elektronische Bestandteile, die man in einer Bombe gefunden hatte, eine eindeutige Handschrift aufwiesen, die zeigte, dass sie aus dem Irak stammen müssten. Experten hielten allerdings dagegen, dass solche Teile in massenproduzierten Transistorradios und ähnlichen Produkten ohne weiteres verfügbar seien.«

> [...] unter Hinweis darauf, dass der Rat in seiner Resolution 687 (1991) erklärte, dass eine Waffenruhe davon abhängen werde, dass Irak die Bestimmungen der genannten Resolution und namentlich die Irak darin auferlegten Verpflichtungen akzeptiert, [...]

Rangwala: »Das ist eine noch haarsträubendere Geschichtsfälschung als die soeben zitierte: Die neu aufgesetzte Resolution zitiert eine frühere Resolution des Sicherheitsrats einfach unkorrekt. Die Waffenruhe hing nicht davon ab, dass der Irak die Forderungen der Resolution 687 akzeptiert hatte, sondern davon, dass der Irak laut Ziffer 33 ›dem Generalsekretär und dem Sicherheitsrat offiziell die Annahme der vorstehenden Bestimmungen bekannt gibt‹. Dieser Unterschied ist überaus wichtig: Die amerikanisch-britische Lesart des Textes besagt, dass die Waffenruhe ab dem Augenblick nicht mehr in Kraft ist, in dem sie der Auffassung sind, dass der Irak seinen Abrüstungsverpflichtungen nicht mehr voll nachkommt, und hält sich damit die Rechtfertigung für einen Einsatz von Gewalt ohne weitere Zustimmung durch den Sicherheitsrat offen. Damit wird dem Waffenstillstand auf unbefristete Zeit eine Abhängigkeit von der irakischen Zusammenarbeit zugeschrieben. Das widerspricht der Auffassung aller anderen Mitglieder im Sicherheitsrat seit 1991: Deren Haltung hatte stets darin bestanden, dass der Waffenstillstand nur durch eine neuerliche Zustimmung des Sicherheitsrats zum Einsatz von Gewalt beendet werden kann. Mit Hilfe dieses Paragrafen versuchen die USA und Großbritannien sich die juristische Rechtfertigung zu verschaffen, Gewalt anzuwenden, wenn nur sie allein der Auffassung sind, dass der Irak die gewünschte Zusammenarbeit vermissen lässt. Der Verzicht auf eine spezifische Ermächtigung zum Einsatz von Gewalt, der in den früheren Vorlagen bereits vorhanden war, wird hier in versteckter, aber juristisch äquivalenter Form wieder aufgegriffen.«

[...] fest entschlossen, dafür zu sorgen, dass Irak seine Verpflichtungen nach Resolution 687 (1991) und den sonstigen einschlägigen Resolutionen vollständig, sofort und ohne Bedingungen oder Einschränkungen einhält, und unter Hinweis darauf, dass die Resolutionen des Rates den Maßstab für die Einhaltung der Verpflichtungen Iraks bilden, [...]

Jennings: »Die Resolution lässt keinerlei Raum für Fehler oder Irrtümer bei ihrer Auslegung. Dieser Ansatz ist unrealistisch und wird mit großer Wahrscheinlichkeit den Wünschen des Sicherheitsrats nicht gerecht, es sei denn, das gewünschte Resultat ist Krieg.«

[...] daran erinnernd, dass es für die Durchführung der Resolution 687 (1991) und der sonstigen einschlägigen Resolutionen unerlässlich ist, dass die UNMOVIC als Nachfolgeorganisation der Sonderkommission und die IAEO ihrer Tätigkeit wirksam nachgehen können,
feststellend, dass das Schreiben des Außenministers des Irak vom 16. September 2002 an den Generalsekretär ein notwendiger erster Schritt dazu ist, Iraks anhaltende Nichtbefolgung der einschlägigen Ratsresolutionen zu korrigieren,
ferner Kenntnis nehmend von dem Schreiben des Exekutivvorsitzenden der UNMOVIC und des Generaldirektors der IAEO vom 8. Oktober 2002 an General al-Saadi, Mitglied der Regierung Iraks, in dem im Anschluss an ihr Treffen in Wien die praktischen Regelungen festgelegt werden, die eine Voraussetzung für die Wiederaufnahme der Inspektionen in Irak durch die UNMOVIC

und die IAEO sind, und mit dem Ausdruck seiner größten Besorgnis darüber, dass die Regierung Iraks die in dem genannten Schreiben festgelegten Regelungen nach wie vor nicht bestätigt hat,

in Bekräftigung des Bekenntnisses aller Mitgliedstaaten zur Souveränität und territorialen Unversehrtheit Iraks, Kuwaits und der Nachbarstaaten,

mit Lob für den Generalsekretär und für die Mitglieder der Liga der arabischen Staaten und ihren Generalsekretär für ihre diesbezüglichen Bemühungen,

entschlossen, die vollständige Befolgung seiner Beschlüsse sicherzustellen,

tätig werdend nach Kapitel VII der Charta der Vereinten Nationen,

1. beschließt, dass Irak seine Verpflichtungen nach den einschlägigen Resolutionen, namentlich der Resolution 687 (1991), erheblich verletzt hat und nach wie vor erheblich verletzt, indem Irak insbesondere nicht mit den Inspektoren der Vereinten Nationen und der Internationalen Atomenergie-Organisation (IAEO) zusammenarbeitet und die nach den Ziffern 8 bis 13 der Resolution 687 (1991) erforderlichen Maßnahmen nicht abschließt; [...]

Ratner: »Mit der Feststellung, dass Irak seine Verpflichtungen nach den einschlägigen Resolutionen, namentlich der Resolution 687, ›erheblich verletzt hat und nach wie vor erheblich verletzt‹, gibt die Waffenstillstandserklärung der US-Regierung genau das an die Hand, was sie will. Sie kann argumentieren, dass die Waffenruhe aufgrund dieser ›erheblichen Verletzung‹ außer Kraft gesetzt ist und somit Resolution 678 aus dem Jahre 1990 gilt, in der der Einsatz von Gewalt vorgesehen ist.«

Rangwala: »Mit dem Brief seines Außenministers vom 16. September 2002 hat der Irak angeboten, die Waffeninspekteure ohne weitere Bedingungen ins Land zu lassen, damit diese ihre Arbeit im Einklang mit den bestehenden Resolutionen verrichten können. Der Irak verletzt einfach nicht ›nach wie vor‹ – weder erheblich noch sonst wie – seine Verpflichtungen, was die Zusammenarbeit mit den Waffeninspekteuren anbelangt, denn er hat die bestehenden Bedingungen für die Wiedereinreise der Inspekteure ohne Einschränkung akzeptiert. Stempelt er solche Bereitschaft als Verstoß, signalisiert der Sicherheitsrat dem Irak, dass es zwecklos und wenig produktiv ist, sich an die Befolgung der Bedingungen der Resolutionen zu halten.«

Mahajan: »Sicher begeht der Irak rein technisch gesehen ›erhebliche‹ Verletzungen der in Resolution 687 und anderen aufgeführten Verpflichtungen. Seine Bereitschaft zur Zusammenarbeit oder ihr Fehlen darf allerdings nicht in einem Vakuum gesehen werden – die Vereinigten Staaten haben von Anbeginn gegen Geist und Buchstaben der Resolutionen zur Einrichtung von Inspektionen und gegen internationales Recht verstoßen. Zu diesen Verstößen gehört unter anderem ihre ursprüngliche und in den vergangenen zehn Jahren von offiziellen Repräsentanten der Regierung wie Madeleine Albright, Bill Richardson und sogar Bill Clinton immer wieder bekräftigte Erklärung, sich durch Resolution 687 nicht gebunden zu fühlen, sondern ihre Sanktionen aufrechterhalten zu wollen, bis Saddam entmachtet sei. Die Resolution erklärt eindeutig, dass die Sanktionen zu lockern seien, sobald die Waffeninspekteure zufrieden sind. Des Weiteren verletzt die Einrichtung von Flugverbotszonen die irakische Souveränität, die dem Irak in jeder Resolution des Sicherheitsrats explizit garantiert wird. Die (von ihrem ersten Leiter Rolf Ekeus inzwischen offiziell zugegebene) Infiltration der ehemaligen Inspektionskommission UNSCOM durch Spione bildete eine weitere Verletzung des Inspektionsprozesses – und zu den gesammelten Informationen gehörten Dinge, die dazu beitrugen,

Saddam Hussein zum Ziel eines Anschlags zu machen, ein Verstoß sowohl gegen internationales Recht als auch gegen Landesrecht. Unter Richard Butler als Leiter der UNSCOM benutzten die USA die Inspektionen ausdrücklich, um einen Zwischenfall zu provozieren und verfassten in Kollaboration mit ihm im Dezember 1998 einen eher harmlosen Bericht als Vorwand für einen bewaffneten Angriff. Ekeus fiel auf, dass die Bombardements stets Orte betrafen, die zuvor von der UNSCOM untersucht worden waren, ein weiterer Beweis dafür, dass die Vereinigten Staaten die Inspektionen auf illegale Weise für nationale Interessen missbrauchten. Ohne die Benennung all dieser Verstöße ist es unmöglich, die vergleichsweise trivialen Verstöße des Irak in der richtigen Perspektive zu sehen.«

[...] 2. beschließt, dabei eingedenk der Ziffer 1, Irak mit dieser Resolution eine letzte Chance einzuräumen, seinen Abrüstungsverpflichtungen nach den einschlägigen Resolutionen des Rates nachzukommen; und beschließt demgemäß, ein verstärktes Inspektionsregime einzurichten, mit dem Ziel, den vollständigen und verifizierten Abschluss des mit Resolution 687 (1991) und späteren Resolutionen des Rates eingerichteten Abrüstungsprozesses herbeizuführen; [...]

Rangwala: »Damit wird festgestellt, dass die neue Resolution ein Inspektionsregime einrichtet, das sich von dem aus dem Jahre 1991 unterscheidet. Demzufolge erlegt die Resolution dem Irak neben den bereits akzeptierten ausdrücklich neue Verpflichtungen auf, und damit können die USA und Großbritannien nicht länger behaupten, sie versuchten sicherzustellen, dass der Irak sich an die Resolutionen von 1991 hält.«

Ratner: »Unbestreitbar beschneidet diese Resolution das Recht der USA, unverzüglich einen Krieg zu beginnen, indem dem Irak ›eine letzte Chance‹ eingeräumt wird, seinen Abrüstungsverpflichtungen nachzukommen, und beschließt ein verstärktes Inspektionsregime zu deren Durchsetzung. Aber, und es ist ein großes Aber, in Ziffer 4 lässt sie die Feststellung folgen, dass ›falsche Angaben oder Auslassungen‹ in den vom Irak vorgelegten Erklärungen oder jegliches Versäumnis, diese neue Resolution zu befolgen, ›eine weitere erhebliche Verletzung der Verpflichtungen Iraks darstellen und dem Rat gemeldet werden‹. Damit wird die geringfügigste Auslassung oder Meinungsverschiedenheit mit den Inspekteuren zu einer erheblichen Verletzung. Sobald das geschehen ist, können die USA nicht nur den Standpunkt vertreten, dass der Irak erheblich gegen die neue Resolution verstoßen hat, sondern auch nunmehr die ›letzte Chance‹ vertan hat, die ihm zur Last gelegten vergangenen Resolutionsverletzungen zu bereinigen. Damit ist für die USA der Weg frei, den oben angeführten Standpunkt zu vertreten.«

[...] 3. beschließt, dass die Regierung des Irak, um mit der Erfüllung ihrer Abrüstungsverpflichtungen zu beginnen, zusätzlich zur Vorlage der zweimal jährlich erforderlichen Erklärungen der Überwachungs-, Verifikations- und Inspektionskommission der Vereinten Nationen (UNMOVIC), der IAEO und dem Rat spätestens 30 Tage nach Verabschiedung dieser Resolution eine auf dem neuesten Stand befindliche genaue, vollständige und umfassende Erklärung aller Aspekte seiner Programme zur Entwicklung chemischer, biologischer und nuklearer Waffen, ballistischer Flugkörper und anderer Trägersysteme, wie unbemannter Luftfahrzeuge und für den Einsatz mit Luftfahrzeugen bestimmter Ausbringungssysteme, einschließlich aller Bestände sowie der exakten Standorte derartiger Waffen, Komponenten, Subkomponenten, Bestände von Agenzien sowie dazugehörigen Materials und entsprechender Ausrüstung, der Standorte und der Tätigkeit seiner Forschungs-, Entwicklungs- und Produktionseinrichtungen sowie aller sonstigen chemischen, biologischen und Nuklearprogramme, einschließlich jener, bezüglich derer sie geltend macht, dass sie nicht Zwecken im Zusammenhang mit der Produktion von Waffen oder Material dienen, vorlegen wird; [...]

Paul: »Man könnte das so auslegen, als ob diese Liste jedes chemische oder biologische Produkt zu umfassen hat, das in einer modernen Wirtschaft verwendet werden kann. Können Sie sich vorstellen, dass eine amerikanische Regierung binnen dreißig Tagen eine Liste dieser Art von Gegenständen in ihrem Besitz würde vorlegen können? Die folgende Ziffer der Resolution, die besagt, dass jede Auslassung eine ›erhebliche Verletzung‹ darstellt, legt dem Irak eine geradezu lächerliche Bürde auf. Auch will die amerikanische Regierung Presseberichten zufolge mit ihren eigenen Listen von Waffen aufwarten, die der Irak ihrer Ansicht nach besitzt. Es könnte demnach möglich sein, dass wir es mit einem sehr kurzen Inspektionsprozess zu tun bekommen, bei dem die ›Beweise‹ gegen die Erklärungen des Irak nicht in den Erkenntnissen der Inspekteure bestehen, sondern einem Dokument der US-Regierung, möglicherweise aber auch einem irgendwo im Irak platzierten ›Beweis‹, dessen genaue Lage ihr bestens bekannt ist.«

Susan Wright: »Ob wir nun Zeuge werden, wie die Waffeninspektionen der Vereinten Nationen aufgrund irgendeines mutmaßlichen Versäumnisses für einen ›Regimewechsel‹ durch die Hintertür herhalten müssen? Da Resolution 687 kein klares Ende definiert hat und es unmöglich ist, definitiv zu beweisen, dass der Irak keine Massenvernichtungswaffen besitzt, bleibt diese finstere Möglichkeit durchaus bestehen.«

Rangwala: »Erstens legt dieser Paragraf die Latte für die irakische Bereitschaft zur Zusammenarbeit höher, und zweitens macht er es unmöglich, diese überhaupt zu erreichen. Er legt die Latte höher, indem er in die Liste der offen zu legenden Waffen Gegenstände einbezieht, die zuvor nie als verboten angesehen wurden. Dem Irak war nie untersagt worden, Luftfahrzeuge oder Ausbringungssysteme zu produzieren. Die neueste Resolution zwingt den Irak nun, nicht nur diese Dinge aufzuführen, sondern auch sämtliche Subkomponenten und ›dazugehöriges Material‹. Womöglich macht es eine Einhaltung ganz und gar unmöglich, weil sie, wörtlich genommen, verlangt, dass die Regierung des Irak eine ›vollständige und umfassende Erklärung aller Aspekte seiner Programme‹ auf chemischem Gebiet vorzulegen hat, darunter auch aller Aktivitäten, ›bezüglich derer sie geltend macht, dass sie nicht Zwecken im Zusammenhang mit der Produktion von Waffen oder Material dienen‹. Der Irak ist damit gezwungen, binnen dreißig Tagen eine umfassende Inventur aller Vorgänge in sämtlichen chemischen Einrichtungen des ganzen Landes vorzulegen, darunter auch solcher, die vergleichsweise gewöhnlichen und harmlosen Studien nachgehen. Es ist kaum vorstellbar, wie irgendein Land in irgendeiner Weise die Vollständigkeit einer solchen Erklärung würde garantieren können. Jede Ungenauigkeit aber würde im Einklang mit Ziffer 4 eine ›erhebliche Verletzung‹ bedeuten. So gesehen stellt die Resolution selbst sicher, dass sie nicht zu erfüllen ist.«

Bennis: »All das sieht – unabhängig von dem zugrunde liegenden Vorsatz – aus wie ein klarer Versuch, sicherzustellen, dass der Irak diese sehr strengen Bedingungen nicht erfüllen kann. Es fordert vom Irak letztlich, genau die Arbeit zu tun, die eigentlich Aufgabe der Inspekteure ist, sein gesamtes Programm zur Entwicklung von Massenvernichtungswaffen nebst zahllosen Programmen aufzulisten, von denen in früheren Resolutionen niemals die Rede gewesen ist. Die in Resolution 687 geforderten Inspektionen beispielsweise erstreckten sich nicht auf ›Trägersysteme wie unbemannte Luftfahrzeuge und für den Einsatz mit Luftfahrzeugen bestimmte Ausbringungssysteme, einschließlich aller Bestände sowie der exakten Standorte derartiger Waffen, Komponenten, Subkomponenten,

Bestände von Agenzien sowie dazugehörigen Materials und entsprechender Ausrüstung‹. Auch war in Resolution 687 die Rede von ballistischen Flugkörpern mit einer Reichweite von mehr als 150 Kilometern, nicht von ›allen‹. In dieser Vorlage sind die Bedingungen definitiv sehr viel härter.«

> [...]4. beschließt, dass falsche Angaben oder Auslassungen in den von Irak nach dieser Resolution vorgelegten Erklärungen sowie jegliches Versäumnis des Irak, diese Resolution zu befolgen und bei ihrer Durchführung uneingeschränkt zu kooperieren, eine weitere erhebliche Verletzung der Verpflichtungen des Irak darstellen und dem Rat gemeldet werden, damit er nach den Ziffern 11 und 12 eine Bewertung trifft; [...]

Ratner: »Das wird von den Vereinigten Staaten als Auftrag interpretiert werden, ohne weiteres UN-Mandat im Alleingang in einen Krieg mit dem Irak zu ziehen. Nach Ansicht der US-Regierung bedarf es demzufolge gar keiner weiteren UN-Resolution, um einen Krieg beginnen zu können. Durch das Einordnen früherer Verstöße gegen das Inspektionsregime als ›erhebliche Verletzungen‹, durch das Brandmarken aller kommenden Auslassungen und jeglicher mangelnden Zusammenarbeit durch den Irak als ›erhebliche Verletzungen‹ und durch die wiederholte Androhung von ›ernsthaften Konsequenzen‹ für zurückliegende Versäumnisse können die USA diese Resolution jederzeit als grünes Licht für einen Krieg interpretieren. [...] Die USA setzen den Vereinten Nationen praktisch eine Waffe an die Schläfe und stellen fest: Wenn ihr nicht zustimmt, machen wir es trotzdem. Das ist nicht die Zustimmung, die die UN-Charta verlangt, das ist Nötigung.«

Bennis: »Das bringt den Irak in eine ›Ihr seid so oder so dran‹-Situation. Wenn sie behaupten, sie hätten kein Material zum Bau von Massenvernichtungswaffen anzugeben, wird Washington Beweise finden für die fortgesetzte Nichtbefolgung – auf der Grundlage der [unbewiesenen, aber grundsätzlich unangefochtenen] Behauptung der US-Regierung, der Irak besitze funktionsfähige Massenvernichtungswaffen. Gesteht der Irak aber den Besitz von Massenvernichtungswaffen, bestätigt er damit den amerikanischen Vorwurf eines Verstoßes gegen Resolution 687.«

Jennings: »Ziffer 1 und 2 sprechen eine Sprache, die im Falle eines Scheiterns der UNMOVIC-Mission einen Krieg mehr oder minder garantiert. Eine Wortwahl, die den Irak bereits bei ›erheblichen Verletzungen‹ und vor einer ›letzten Chance‹, sich zu rehabilitieren, sieht, ist eine ziemlich unheilvolle Art, das Ergebnis vorwegzunehmen, insbesondere im Zusammenhang mit Ziffer 3 und 4, die eine ganze und vollständige Auflistung verlangen und jede falsche Angabe verbieten. Damit eröffnet sich die Möglichkeit, dass jede fehlende Dokumentenseite und jede ausweichende Stellungnahme irgendeines Regierungsvertreters einen Krieg auslösen könnte.«

John Burroughs, geschäftsführender Direktor des Lawyers' Committee on Nuclear Policy: »So wie es die amerikanische Regierung interpretiert, heißt dies, dass jeder Mangel an Zusammenarbeit von Seiten des Irak in Bezug auf die Auflistung seiner Waffen, Materialien, Ausrüstung etc. oder Nichterfüllen der Forderungen des Inspektionsregimes auf eine erhebliche Verletzung hinauslaufen würde, die einen Krieg seitens der Vereinigten Staaten rechtfertigte. Das widerspricht den grundlegenden Prinzipien des Gesetzes. Bei jedem gewöhnlichen Vertrag hat der Geschädigte die Option, den Vertrag für nicht erfüllt zu erklären. Hier ist der Geschädigte der Sicherheitsrat, nicht die Vereinigten Staaten. Und nach der Charta der Vereinten Nationen ist es der Sicherheitsrat, der verantwortlich ist für die Aufrechterhaltung des Weltfriedens und der internationalen Sicherheit, ist es der Sicherheitsrat, dem die Entscheidung zukommt, ob eine Bedrohung für den Weltfrieden und die internationale Sicherheit besteht, und ist es der Sicherheitsrat, dem die Entscheidung zukommt, ob der Einsatz von Gewalt notwendig und als Reaktion auf eine solche Bedrohung angemessen ist. [...] Dem Sicherheitsrat obliegt es, zu entscheiden – zweifelsfrei und genau begründet –, ob Gewalt zur Durchsetzung seiner Forderungen notwendig ist. In den kommenden Wochen und Monaten liegt die Beweislast bei denen, die den Einsatz von Gewalt für notwendig erachten. Es ist von fundamentaler Bedeutung, dass die UN-Charta der friedlichen Lösung von Konflikten und dem Verzicht auf Gewalt Priorität einräumt. Der Sicherheitsrat hat nie zuvor den Einsatz von Gewalt auf der Grundlage einer potenziellen, nicht offensichtlichen Bedrohung gebilligt, wie sie die USA nunmehr für das vermeintlich existierende irakische Arsenal an Atomwaffen in Anspruch nehmen. Alle vorhergehende Billigung von Gewalt ist in Reaktion auf tatsächlich erfolgte Invasionen, gewalttätige Übergriffe in großem Maßstab oder auf humanitäre Notfälle erfolgt (Korea, Kuwait, Somalia, Haiti, Ruanda und Bosnien).«

[...] 5. beschließt, dass Irak der UNMOVIC und der IAEO sofortigen, ungehinderten, bedingungslosen und uneingeschränkten Zugang zu ausnahmslos allen, auch unterirdischen, Bereichen, Einrichtungen, Gebäuden, Ausrüstungsgegenständen, Unterlagen und Transportmitteln gewährt, die diese zu inspizieren wünschen, sowie sofortigen, ungehinderten und uneingeschränkten Zugang ohne Anwesenheit Dritter zu allen Amtsträgern und anderen Personen, welche die UNMOVIC oder die IAEO in der von ihr gewählten Art und Weise oder an einem Ort ihrer Wahl aufgrund irgendeines Aspekts ihres jeweiligen Mandats zu befragen wünschen; beschließt ferner, dass die UNMOVIC und die IAEO nach ihrem Ermessen Befragungen innerhalb oder außerhalb des Irak durchführen können, dass sie die Ausreise der Befragten und ihrer Angehörigen aus Irak erleichtern können und dass diese Befragungen nach alleinigem Ermessen der

UNMOVIC und der IAEO ohne Beisein von Beobachtern der Regierung des Irak stattfinden können; und weist die UNMOVIC an und ersucht die IAEO, die Inspektionen spätestens 45 Tage nach Verabschiedung dieser Resolution wieder aufzunehmen und den Rat 60 Tage danach über den neuesten Sachstand zu unterrichten; [...]

Rangwala: »Damit wird der UNMOVIC und der IAEO das Recht zugebilligt, jede Person – offenbar ohne deren Erlaubnis – außer Landes zu transportieren. So gestünde die Resolution beispielsweise der UNMOVIC das Recht zu, hochrangige Regierungsbeamte, den irakischen Führer eingeschlossen, nach alleinigem Ermessen zu ersuchen, das Land zu verlassen. Damit hätte die UNMOVIC das Recht, Personen samt ihren Familien zu entführen und ins Ausland zu verbringen. Es ist völlig unrealistisch, bei einem solchen Spektrum an uneingeschränkten Machtbefugnissen Zusammenarbeit zu erwarten. Selbst wenn die UNMOVIC diese Macht nur in verantwortungsbewusster Weise gebrauchen sollte, würde die Resolution den USA die Möglichkeit geben, wichtigen irakischen Wissenschaftlern einen Frontwechsel nahezulegen, sobald sie ihr Land verlassen haben. Von der irakischen Regierung in einer solchen Frage unbegrenzte Kooperation zu erwarten ist blauäugig. Die einzige Möglichkeit, in diesem Konflikt zu einer Lösung zu kommen und die verifizierbare Abrüstung des Irak zu erreichen, besteht darin, einen vernünftigen und erfüllbaren Maßstab der Zusammenarbeit zu setzen. Das ist unvereinbar mit Vorkehrungen, die es ermöglichen, irakische Personen außer Landes zu bringen.«

Bennis: »Wissenschaftler und ihre Familien aus dem Irak herauszubringen würde die Waffeninspekteure zu Asylverwaltern machen. Sicherlich würden viele, vielleicht sogar die meisten Wissenschaftler im Augenblick die Gelegenheit beim Schopf packen und mit ihren Familien den Irak verlassen, um woanders Asyl zu suchen. Schließlich leben sie nicht nur in einem durch zwölf Jahre unbarmherziger wirtschaftlicher Sanktionen verarmten Land und unter den Repressalien eines autoritären Regimes, sondern auch mit der Aussicht auf einen sehr wahrscheinlich bevorstehenden Krieg. Es gibt sicher berechtigte Gründe, weshalb viele irakische Wissenschaftler es vorziehen würden, andernorts in mehr Sicherheit und politischer Freiheit zu arbeiten. Daraus ergibt sich aber auch folgerichtig die sehr reale Möglichkeit, dass diese Wissenschaftler die Programme des irakischen Militärs und dessen Zugang zu Massenvernichtungswaffen beziehungsweise ihre eigene Rolle bei diesen Programmen aufbauschen könnten, um internationale Einwanderungsbehörden von ihrer Wichtigkeit zu überzeugen.«

Jennings: »Die erzwungene Mitnahme und der Abtransport irakischer Bürger und ihrer Familien, und dies, falls nötig, ohne deren Zustimmung, wie es im Gefolge des Afghanistankriegs mit der Einrichtung des Gefangenenlagers bei Guantanamo Bay geschehen ist, verstößt gegen die Genfer Konvention und die Allgemeine Menschenrechtserklärung. Die USA sind vertraglich gebunden, diese Abkommen als Teil ihrer internationalen Verpflichtungen einzuhalten.«

Mahajan: »Das läuft darauf hinaus, den Irak seiner wissenschaftlich und technisch ausgebildeten Bevölkerungsschicht zu berauben – denn hat man diese Menschen erst einmal in Gewahrsam genommen, außer Landes gebracht und verhört, sind sie im Irak nicht mehr sicher. Der Irak hat seit dem ersten Golfkrieg bereits massive Verluste an Fachkräften erlitten – unter den vier Millionen Ausgebürgerten befanden sich unverhältnismäßig viele allgemein und technisch hoch gebildete Personen. Zudem hat der Irak auch in Bezug auf die Bildung ein verlorenes Jahrzehnt hinter sich – die Sanktionen sind dafür verantwortlich zu machen, dass dort im Gegen-

satz zu allen anderen Ländern der Welt im Verlauf der Neunzigerjahre eine Zunahme des Analphabetentums zu verzeichnen war.
Noch mehr davon, und die Fähigkeit des Irak zu Neuaufbau und
Entwicklung wird noch eine weitere Generation auf sich warten
lassen.«

[...] 6. macht sich das Schreiben des Exekutivvorsitzenden der
UNMOVIC und des Generaldirektors der IAEO vom 8. Oktober
2002 an General al-Saadi, Mitglied der Regierung des Irak, zu
Eigen, das dieser Resolution als Anlage beigefügt ist, und beschließt, dass der Inhalt dieses Schreibens für Irak bindend ist;
[...]

Bennis: »Dieser Brief setzt eine Reihe von Maßnahmen fest, denen
der Irak angeblich zugestimmt hat, ohne dass es eine Bestätigung
seitens des Irak gibt, dass er ihnen tatsächlich zustimmt.«

[...] 7. beschließt ferner, in Anbetracht der von Irak lange unter-
brochenen Anwesenheit der UNMOVIC und der IAEO und zu
dem Zweck, dass sie die in dieser und in allen früheren einschlägigen Resolutionen festgelegten Aufgaben wahrnehmen können,
sowie ungeachtet früherer Vereinbarungen die nachstehenden
abgeänderten beziehungsweise zusätzlichen Regelungen festzu-
legen, die für Irak bindend sind, um ihre Arbeit in Irak zu erleichtern: [...]

Bennis: »Grundsätzlich untergräbt der Verweis ›ungeachtet früherer Vereinbarungen‹ die Rechtmäßigkeit, Stringenz und Geschlos-
senheit einer UN-Resolution.«

Jennings: »Ziffer 7 gesteht der UNMOVIC etliche weitere wichtige
Befugnisse zu, die sämtlich so angelegt scheinen, dass man mit ihnen nichts erreichen kann. Beispielsweise ist eine Formulierung,

die ›sofortigen, ungehinderten, bedingungslosen und uneingeschränkten Zugang‹ zu einem beliebigen Ort fordert, in Anbetracht
der Bedingungen im Irak unrealistisch, was die Durchführbarkeit
betrifft. Derselbe Abschnitt hebt die Immunität der Präsidentenanlagen auf, die in der Resolution 1154 (1998) des Sicherheitsrats
noch garantiert wurde. Die Frage nach der Anzahl der UN-Sicher-
heitskräfte wird – möglicherweise absichtlich – in der Resolution
nicht geregelt, sodass eine schleichende militärische Besetzung
denkbar wäre, die bei jedem Anzeichen von Widerstand sofort zum
Krieg führen könnte. Die Größe der ›Ausschlusszonen‹ ist nicht
definiert, und dies öffnet eine weitere Tür für die Herbeiführung eines Konfliktes. Das uferlose Spektrum der ›Subsysteme, Komponenten, Unterlagen, Materialien‹ könnte die Beziehung zwischen
UNMOVIC und offiziellen irakischen Stellen weiter komplizieren.
Wenn die UNMOVIC-Inspektionen aggressiver verlaufen als die
der UNSCOM (worauf die USA und Großbritannien bestehen,
während der Irak dies in vielen Fällen für unangemessen hält),
dann ist Ärger vorprogrammiert. Die Liste wirft ernsthaft die Frage
auf, ob die Resolution verfasst war, um Erfolg zu zeitigen oder in einem Fehlschlag zu enden.«

[...] – die UNMOVIC und die IAEO bestimmen die Zusammensetzung ihrer Inspektionsteams und stellen sicher, dass diese Teams
aus den qualifiziertesten und erfahrensten verfügbaren Sachver-
ständigen bestehen; [...]

Mahajan: »Die in Resolution 1284 des Sicherheitsrats enthaltenen
Einschränkungen bezüglich des zugelassenen UNMOVIC-Perso-
nals waren getroffen worden, weil ein so großer Teil des UNSCOM-
Personals im Prinzip bei den Geheimdiensten des englischsprachi-
gen Lagers (der Vereinigten Staaten, Großbritanniens, Kanadas,
Australiens, Neuseelands) angestellt war und als deren Agenten
sämtliche gewonnenen Erkenntnisse unrechtmäßigerweise an ihre

Regierungen übermittelte. Das klare, zweifellos faire Gegenmittel bestand darin, die Teilnahme einer sehr viel größere Anzahl an Nationen zu verlangen und darauf zu bestehen, dass es bei den Betreffenden keinerlei offensichtliche Verbindung zu den Geheimdiensten irgendeiner Regierung geben dürfe.«

[...] – das gesamte Personal der UNMOVIC und der IAEO genießt die in dem Übereinkommen über die Vorrechte und Immunitäten der Vereinten Nationen und der Vereinbarung über die Vorrechte und Befreiungen der IAEO für Sachverständige im Auftrag der Vereinten Nationen vorgesehenen Vorrechte und Immunitäten; [...]

Bennis: »Das Übergehen von Resolution 1154 (die für die Inspektion der acht ›Präsidentenanlagen‹ die Ausarbeitung eines besonderen Verfahrens – einschließlich der Begleitung der Inspekteure durch irakische Diplomaten – gefordert hat) untergräbt die Rechtmäßigkeit der Entscheidungen des Sicherheitsrats.«

[...] – die UNMOVIC und die IAEO haben das uneingeschränkte Ein- und Ausreiserecht in und aus Irak, das Recht auf freie, uneingeschränkte und sofortige Bewegung zu und von den Inspektionsstätten sowie das Recht, alle Stätten und Gebäude zu inspizieren, einschließlich des sofortigen, ungehinderten, bedingungslosen und uneingeschränkten Zugangs zu den Präsidentenanlagen unter den gleichen Bedingungen wie zu den anderen Stätten, ungeachtet der Bestimmungen der Resolution 1154 (1998); [...]

Rangwala: »Diese Bestimmung wischt Resolution 1154 (1998) vom Tisch, die vom Generalsekretär ›einen Bericht betreffend den Abschluss der Ausarbeitung der Verfahren für die Präsidentenanlagen‹ fordert. Sie schafft zunächst einmal ein neues und unnötiges Konfliktpotenzial zwischen den Vereinten Nationen und der Regierung des Irak. Zweitens macht sie deutlich, dass mit der UNO getroffene Vereinbarungen nicht unbedingt rechtsgültig sind, da einer der Vertragspartner es sich zur Gewohnheit gemacht hat, die Abkommen für null und nichtig zu erklären, sobald sie seinen Interessen nicht mehr nützen. Wenn die Vereinten Nationen in ihren eigenen Resolutionen alle legalen Maßstäbe fallen lassen, wird das einen schweren Ansehensverlust für die UNO und die Struktur des Völkerrechts nach sich ziehen.«

[...] – die UNMOVIC und die IAEO haben das Recht, von Irak die Namen aller Mitarbeiter zu erhalten, die mit den chemischen, biologischen, nuklearen und ballistische Flugkörper betreffenden Programmen des Irak sowie mit den entsprechenden Forschungs-, Entwicklungs- und Produktionseinrichtungen in Verbindung stehen oder in Verbindung standen;
– die Sicherheit der Einrichtungen der UNMOVIC und der IAEO wird durch eine ausreichende Zahl von Sicherheitskräften der Vereinten Nationen gewährleistet; [...]

Rangwala: »Es gibt keine Festlegung von Zahl und Zusammensetzung dieser ›Sicherheitskräfte‹. Dem Irak wird abverlangt, eine Resolution anzunehmen, die die Präsenz einer fremden Militärmacht auf seinem Grund und Boden vorsieht, ohne dass ihm die Beschaffenheit dieser militärischen Präsenz erläutert wird.«

[...] – die UNMOVIC und die IAEO haben das Recht, zum Zweck der Blockierung einer zu inspizierenden Stätte Ausschlusszonen zu erklären, die auch umliegende Gebiete und Verkehrskorridore umfassen, in denen Irak alle Bewegungen am Boden und in der Luft einstellt, sodass an der zu inspizierenden Stätte nichts verändert und nichts davon entfernt wird; [...]

Mahajan: »Da die Vereinigten Staaten im Sicherheitsrat so viel Opposition zu spüren bekommen haben, ist die ursprüngliche Vor-

lage, die einen Forderungskatalog à la Rambouillet nach einer fak-
tisch unbegrenzten militärischen Besetzung enthielt, die weder der
Irak noch irgendein anderer souveräner Staat hätte akzeptieren
können, drastisch verwässert worden. Die Vereinbarung von ›Ausschlusszonen‹ zu Lande und in der Luft war eines der Schlüssel-
elemente dieses Ansatzes und ist erhalten geblieben. Dehnte die
UNMOVIC ihre Macht nur weit genug aus, würde sie zu einer un-
zumutbaren Belastung, die der Irak nicht akzeptieren kann. Da
Hans Blix in der Vergangenheit mit den Vereinigten Staaten eng
zusammengearbeitet hat, es sogar hinnahm, dass diese ihn daran
hinderten, seine Inspekteure wieder in den Irak zu entsenden, ist
zunächst einmal unklar, ob die UNMOVIC in irgendeiner Weise
unabhängiger von der US-Politik ist, als die UNSCOM es war.«

Rangwala: »Im Rahmen dieser Vereinbarung könnte UNMOVIC
weite Teile des Irak für unbegrenzte Zeit zu ›Ausschlusszonen‹
erklären. In die Resolution gehören unbedingt Einschränkungen,
was die Machtbefugnis der Inspekteure betrifft, damit die Rechtmäßigkeit ihrer Rolle gewahrt bleibt. Dazu sollte dem Inspektorat
die Verpflichtung auferlegt werden, diese Maßnahme stets auf die
Umgebung bestimmter Gebäude und dies nur für die Dauer einer
bestimmten Inspektion zu beschränken. Ohne eine solche Rege-
lung wird die langfristige Zusammenarbeit zwischen den beiden
Parteien immer wieder Krisen unterworfen sein, die die laufende
Arbeit der Inspekteure zum Scheitern bringen könnten.«

[...] – die UNMOVIC und die IAEO können Starr- und Drehflügel-
luftfahrzeuge, einschließlich bemannter und unbemannter Aufklä-
rungsflugzeuge, frei und uneingeschränkt einsetzen und landen;
– die UNMOVIC und die IAEO haben das Recht, nach ihrem
alleinigen Ermessen alle verbotenen Waffen, Subsysteme, Komponenten, Unterlagen, Materialien und andere damit zusammen-
hängende Gegenstände verifizierbar zu entfernen, zu vernichten

oder unschädlich zu machen sowie das Recht, alle Einrichtungen oder Ausrüstungen für deren Produktion zu beschlagnahmen oder zu schließen; und

– die UNMOVIC und die IAEO haben das Recht, Ausrüstung oder Material für Inspektionen frei einzuführen und zu verwenden und jede Ausrüstung, jedes Material und alle Dokumente, die sie bei Inspektionen sichergestellt haben, zu beschlagnahmen und auszuführen, ohne dass Mitarbeiter der UNMOVIC oder der IAEO oder ihr dienstliches oder persönliches Gepäck durchsucht werden; [...]

Bennis: »Klar und deutlich wird hier gesagt, dass die Inspekteure alles, was ihnen im Verlauf der Inspektionen in die Hände fällt – Lastwagen, Computer, Teppiche – beschlagnahmen und ›ausführen‹ dürfen, unabhängig davon, ob irgendein Zusammenhang mit verbotenen Materialien, verbotenen Massenvernichtungswaffen oder Raketenprogrammen besteht.«

Mahajan: »Eines der Probleme mit der UNSCOM hatte darin bestanden, dass sie Spionage betrieben hat, oftmals indem sie Überwachungsgeräte am Ort einer Inspektion zurückließ. Diese Bestimmung scheint sicherstellen zu wollen, dass die UNMOVIC-Inspekteure bei ihren Inspektionen ebenfalls solche Gegenstände zurücklassen dürfen.«

[...] 8. beschließt ferner, dass Irak keine feindseligen Handlungen gegen Vertreter oder Personal der Vereinten Nationen oder der IAEO oder irgendeines Mitgliedstaats, der tätig wird, um einer Resolution des Rates Geltung zu verschaffen, durchführen oder androhen wird; [...]

Jennings: »Ziffer 8 verlangt im Grunde die bedingungslose Kapitulation des Irak, eine Forderung, die dem Irak nicht einmal in den von General Schwarzkopf geführten Waffenstillstandsverhandlungen 1991 in Safwan auferlegt worden war. Der Irak darf keine ›feindseligen Handlungen [...] androhen‹. Die Gegenwart bewaffneter Sicherheitskräfte an einem beliebigen Ort, auch nur das Anhalten oder Verlangsamen von Fahrzeugen zum Zweck einer normalen Kontrolle könnte als eine solche Bedrohung ausgelegt werden. Diese Wortwahl macht den ganzen UNMOVIC-Einsatz zu einem extrem empfindlichen Auslöser für einen Kriegsalarm. Es ist schwer einzusehen, wie unter solchen Umständen ein Konflikt vermieden werden kann.«

Bennis: »Diese Formulierungen zielen darauf ab und verlangen, dass der Irak sich mit den britisch-amerikanischen Patrouillenflügen und Bombardements in den so genannten Flugverbotszonen abfindet. Weder die Einrichtung noch die militärische Durchsetzung dieser Zonen ist je von den Vereinten Nationen autorisiert worden; keine frühere UN-Resolution hat diesen Begriff überhaupt erwähnt. Dieser Abschnitt scheint nachträglich die illegale, elf Jahre während britisch-amerikanische Verhängung von Flugverbotszonen und die seit vier Jahren dort durchgeführten Bombenangriffe legitimieren zu wollen. Die USA behaupten, dass jene Bombenangriffe und die Einrichtungen der Zonen dazu da seien, die Resolutionen der Vereinten Nationen ›durchzusetzen‹ – insbesondere Resolution 688, die den Irak auffordert, die Rechte der verschiedenen Bevölkerungsgruppen zu schützen. Tatsächlich aber fanden die Einsätze ohne Ermächtigung durch die Vereinten Nationen statt. Bisher hat der Sicherheitsrat weder die USA noch Großbritannien für ihre illegalen Aktionen zur Verantwortung gezogen; die obige Wortwahl legitimiert stattdessen deren Aktionen. Obwohl nirgends dargelegt wird, was ein ›Mitgliedsstaat, der tätig wird, um einer Resolution des Rats Geltung zu verschaffen‹ tun darf, wird vom Irak eindeutig verlangt, dass er jede Handlung – darunter auch militärische Einsätze – zuzulassen hat, die die USA oder irgendein anderes Land für notwendig zur Durchsetzung einer Resolution erachten. Auch wird die Tatsache missachtet, dass nicht alle Resolutionen des Sicherheitsrats überhaupt mit Militärgewalt durchzusetzen sind, selbst dann nicht, wenn der Rat das so beschließt. Nur Resolutionen, die ausdrücklich mit dem Zusatz ›nach Kapitel VII der Charta der Vereinten Nationen‹ erlassen wurden, können zum Einsatz von Gewalt führen. Die Verabschiedung von Resolution 688 fiel nicht unter Kapitel VII; ganz im Gegenteil, sie bekräftigt das ›Eintreten aller Mitgliedstaaten für die Souveränität, territoriale Unversehrtheit und politische Unabhängigkeit Iraks‹.«

[...] 9. ersucht den Generalsekretär, Irak diese Resolution, die für Irak bindend ist, unverzüglich zur Kenntnis zu bringen; verlangt, dass Irak binnen sieben Tagen nach dieser Unterrichtung seine Absicht bestätigt, diese Resolution vollinhaltlich zu befolgen, und verlangt ferner, dass Irak sofort, bedingungslos und aktiv mit der UNMOVIC und der IAEO kooperiert; [...]

Bennis: »Da es keine genau formulierten Konsequenzen für eine potenzielle Verzögerung seitens des Irak gibt, ist davon auszugehen, dass die USA diesen Abschnitt als Ermächtigung zum unverzüglichen unilateralen Einsatz von Gewalt betrachten werden. Das wäre unangemessen, aber eine solche Auslegung im eigenen Sinn hat bereits Tradition.«

[...] 10. ersucht alle Mitgliedstaaten, die UNMOVIC und die IAEO bei der Erfüllung ihres jeweiligen Mandats rückhaltlos zu unterstützen, so auch indem sie alle Informationen über verbotene Programme oder andere Aspekte ihres Mandats vorlegen, namentlich über die von Irak seit 1998 unternommenen Versuche, verbotene Gegenstände zu erwerben, und indem sie Empfehlungen zu den zu inspizierenden Stätten, den zu befragenden Personen, den Umständen solcher Befragungen und den zu sammelnden Daten abgeben, wobei die UNMOVIC und die IAEO dem Rat über die dabei erzielten Ergebnisse Bericht erstatten werden; [...]

Jennings: »Ziffer 10 fordert die Mitglieder unverblümt dazu auf, Geheimdienstinformationen beizusteuern und Inspektionsorte vorzuschlagen. Abgesehen davon, dass diese Bestimmung dazu beitragen könnte, den Prozess endlos auszudehnen, lässt sie sich auch als ausdrückliche Eröffnung einer neuen Spionageserie im Irak verstehen, genau das also, was die UNSCOM zuvor in Schwierigkeiten gebracht hatte.«

Bennis: »Dies beinhaltet, dass die UNMOVIC ihre Erkenntnisse und Daten mit ›dem Sicherheitsrat‹, sprich den Geheimdiensten der Mitgliedsstaaten des Sicherheitsrats, teilen muss, darunter mit solchen, die (wie die Vereinigten Staaten) für den Sturz des irakischen Regimes plädieren. Als die UNMOVIC geschaffen wurde, hatte ihr Leiter klar gemacht, dass seiner Ansicht nach der Austausch geheimdienstlicher Informationen nur ›in eine Richtung‹ erfolgen könne – das heißt, dass Mitgliedsstaaten die UNMOVIC mit Informationen versorgen können, um ihr bei der Durchführung der Inspektionen zu helfen, dass die UNMOVIC aber nicht im Gegenzug die nationalen Geheimdienste mit Informationen versorgen werde. Andernfalls würde, so erkannte er sehr richtig, das Desaster jener unzulässigen Übermittlung von UNSCOM-Erkenntnissen an den amerikanischen Geheimdienst neu aufgelegt. Die Forderung, die UNMOVIC habe ihre aus Befragungen und den gesammelten Daten ›erzielten Ergebnisse‹ dem Sicherheitsrat vorzulegen, demonstriert die klare Absicht der USA, sich Zugang zu den Erkenntnissen von UNMOVIC und IAEO zu verschaffen.«

[...] 11. weist den Exekutivvorsitzenden der UNMOVIC und den Generaldirektor der IAEO an, dem Rat über jede Einmischung des Irak in die Inspektionstätigkeiten und über jedes Versäumnis des Irak, seinen Abrüstungsverpflichtungen, einschließlich seiner Verpflichtungen betreffend Inspektionen, nach dieser Resolution nachzukommen, sofort Bericht zu erstatten; [...]

Jennings: »Ziffer 11 lässt eine Aussage darüber vermissen, was mit ›jede Einmischung‹ gemeint ist, und eröffnet damit erneut die Möglichkeit, dass ein Missverständnis zum Kriegsgrund werden könnte.«

[...] 12. beschließt, sofort nach Eingang eines Berichts nach den Ziffern 4 oder 11 zusammenzutreten, um über die Situation und die Notwendigkeit der vollinhaltlichen Befolgung aller einschlägigen Ratsresolutionen zu beraten, um den Weltfrieden und die internationale Sicherheit zu sichern; [...]

Ratner: »Man könnte den Standpunkt vertreten, dass es sich hierbei um die von Frankreich und Russland geforderte zweite Zusammenkunft handelt und dass die Folgen einer Verletzung der Resolutionen vom Sicherheitsrat zu beschließen sind. Zu diesem Zeitpunkt aber hat ein solches Treffen möglicherweise nicht mehr die Chance, die Vereinigten Staaten von einem unilateralen Krieg abzuhalten. Angenommen beispielsweise, der Rat kommt zu dem Schluss, dass er Gewalt nicht für angemessen hält oder er gelangt zu gar keiner Entscheidung – beispielsweise, weil seiner Ansicht nach der Irak bis dahin in angemessener Weise kooperiert hat. Dann können die USA noch immer in den Krieg ziehen. Sie werden die Ansicht vertreten, der Sicherheitsrat habe bereits früher beschlossen, dass der Irak erheblich gegen bestehende Resolutionen verstoße und dass jede Unstimmigkeit mit der neuen Resolution ebenfalls eine ›erhebliche Verletzung‹ darstelle. Dieser Abschnitt liefert den USA alle von ihnen für die Ermächtigung zu einem Krieg gegen den Irak für nötig erachtete Munition an die Hand, vertreten sie doch die Theorie, dass die Waffenruhe nicht mehr, die Resolution von 1990 hingegen, in der der Einsatz von Gewalt vorgesehen war, nach wie vor gilt.«

Jennings: »Ziffer 12 ist eigentlich der Teil der Resolution, der die Ermächtigung zum Beginn eines Krieges erteilt. Er sieht vor, dass der Rat zusammenkommt. Sollte keine ›vollinhaltliche Befolgung‹ vorliegen, so ist im folgenden Abschnitt ausdrücklich die Rede von ›ernsthaften Konsequenzen‹. Findet ein solches Treffen statt, dann im Grunde mit der Pistole an der Schläfe des Sicherheitsrats, haben die Vereinigten Staaten doch bereits erklärt, dass sie, falls der Sicherheitsrat nicht handelt, im Alleingang vorgehen werden.«

Bennis: »Diese klare Formulierung sollte jedes Land – auch die Vereinigten Staaten – davon abhalten, in Reaktion auf eine beobachtete irakische Weigerung unilateral zu handeln. Doch in Anbetracht der ständigen Versicherung der Bush-Regierung, dass sie ›keiner weiteren‹ UN-Resolution bedürfe, die den Einsatz von Gewalt zur ›Durchsetzung‹ von UN-Resolutionen rechtfertigten, ist es mehr als zweifelhaft, dass Washington sich an diese Sprachregelung halten wird. Die Einfügung der Formulierung ›um den Weltfrieden und die internationale Sicherheit zu sichern‹ ermöglicht die unverzügliche Hinwendung zur Gewalt, mag nun über die Situation ›neuerlich beraten‹ worden sein oder nicht. Es kann als sicher gelten, dass die Bush-Regierung auf genau diese Worte verweisen wird, wenn sie sich für einen Krieg ohne die ausdrückliche Zustimmung des Sicherheitsrats entscheidet. Die Tatsache, dass weder nach einer formellen Zusammenkunft des Sicherheitsrats noch nach einer neuen Resolution oder Entscheidung verlangt wird, sondern formlos von ›zusammentreten‹ die Rede ist, lässt einen gewissen Mangel an Ernsthaftigkeit erahnen, was das alleinige Recht des Sicherheitsrats betrifft, über die vollinhaltliche Befolgung seiner Weisungen und mögliche Konsequenzen zu entscheiden.«

[...] 13. erinnert in diesem Zusammenhang daran, dass der Rat Irak wiederholt vor ernsthaften Konsequenzen gewarnt hat, wenn Irak weiter gegen seine Verpflichtungen verstößt; [...]

Bennis: »Das Problem besteht darin zu definieren, worin diese Konsequenzen bestehen. Wenn Washington den Begriff verwendet, so meint es damit ausdrücklich militärische Gewalt. Aus diesem Grund haben Frankreich und Russland Einspruch gegen die erneute Verwendung dieses Begriffs in der neuen Resolution erhoben. Als der Sicherheitsrat 1998 nach den Verhandlungen von Kofi Annan mit dem Irak eine Resolution verabschiedete, forderte diese noch ›schwerste Konsequenzen‹. Zu jenem Zeitpunkt erklärte jeder der in den Rat entsandten Vertreter – mit Ausnahme des Vertreters der USA –, ausdrücklich, dass der Gebrauch dieser Formulierung keiner automatischen Billigung des Einsatzes von Gewalt durch ein Land oder eine Gruppe von Ländern gleichkäme. Sie enthalte eben nicht das, was der russische Gesandte als Zwangsläufigkeit bezeichnete. Allein der amerikanische Gesandte, Bill Richardson, vertrat die Ansicht, sie rechtfertige den unverzüglichen unilateralen Einsatz von Gewalt.«

Jennings: »Das Wort ›Konsequenzen‹ in diesem Abschnitt ist ein Codewort für Krieg. Aus dem Absatz geht in keiner Weise hervor, ob ein Krieg anläßlich kleinerer und größerer Dispute bei der Auslegung der Resolutionen gerechtfertigt sein könnte. Ziffer 13 legt das Ergebnis im Vorhinein fest. Es wäre besser für die internationale Gemeinschaft, wenn sie zunächst einmal abwarten und entscheiden würde, ob und welches Maß an mangelnder Kooperation seitens des Irak auch nur den Gedanken an einen Krieg rechtfertigt. Es ist mehr als möglich, dass ein solch drastischer Schritt, von dem der US-Präsident behauptet, er sei das Letzte, was er zu unternehmen wünsche, keinesfalls erstrebenswert oder notwendig ist.«

Paul: »Die vieldeutigen Aussagen Washingtons ermöglichen es den Führern der Verbündeten und insbesondere den fünf ständigen Mitgliedern im Sicherheitsrat, gute Miene zu dem Spiel zu machen, das die US-Regierung mit ihnen treibt. Sie will nicht, dass es den Anschein hat, als erfolge ein Krieg ›automatisch‹. Aber jedem ist klar, dass ein Krieg wahrscheinlich, wenn nicht gar unausweichlich ist, und dass die neue Resolution Washington den Weg dahin ebnet. Wäre dem nicht so, warum sind dann die Planungen zu einer Evakuierung aller Nichtiraker aus dem Irak, zur Anlage von Flüchtlingslagern für die durch die Kämpfe Vertriebenen, für die Versorgung der hungernden irakischen Bevölkerung mit Nahrungsmitteln und (das Wichtigste von allem) die Enteignung und Verwaltung der irakischen Ölfelder unter einer US-Militärregierung bereits in vollem Gange? Untersuchungen zu den juristischen Konsequenzen dieser Angelegenheit wurden bereits durchgeführt, und den proamerikanischen Auslegungen der relevanten internationalen Gesetze nach sieht es so aus, als würden die Vereinigten Staaten ihren Krieg und die geplante Besetzung aus der Förderung der beschlagnahmten Ölquellen bezahlen können. Aus dem Krieg von 1991 war Washington gar ein Gewinn erwachsen, weil es von Kuwait, Saudi-Arabien, Japan, Deutschland und anderen mehr an Beitragsleistungen eingefordert hatte, als es selbst ausgegeben hatte (damals kursierte der Begriff ›Profit‹ als scherzhafte Bemerkung in Washington). Vielleicht winkt ihnen ja nun wieder ein saftiger ›Profit‹! Aber über diese Seite der Medaille redet George [Bush jun.] natürlich nicht!«

[...] 14. beschließt, mit der Angelegenheit befasst zu bleiben.

Bennis: »Das ist ein fundamentaler Grundsatz – es heißt, dass das Thema irakische Verpflichtungen und irakische Kooperation auf der Tagesordnung des Sicherheitsrats bleibt, und allein der Rat Entscheidungen zu deren künftiger Interpretation oder Durchsetzung treffen kann.«

Ratner: »Wir dürfen nicht vergessen, was diese Resolution nicht tut. Sie autorisiert die Vereinigten Staaten nicht, gegen den Irak in einen Krieg zu ziehen. Trotz aller gegenteiligen Behauptungen Washingtons kann dies nur vermittels einer zweiten Resolution geschehen. Die UN-Charta verlangt für den Einsatz von Gewalt eine genau umrissene und unzweifelhafte Form von Ermächtigung. Es obliegt dem Sicherheitsrat und nicht den Vereinigten Staaten, die Konsequenzen aus einer Nichterfüllung von Resolutionen zu beschließen.«

Mahajan: »Damit wird unzweifelhaft klar, dass diese Resolution den Vereinigten Staaten nicht das Recht auf eine unilaterale Militäraktion zuerkennt. In der Vergangenheit hatten die USA behauptet, Resolution 688, die die anderen Staaten zu humanitärer Hilfe für ›Minderheiten‹ im Irak aufruft (wobei die Schiiten in Wirklichkeit in der Mehrheit sind) und nicht unter Kapitel VII der Charta der Vereinten Nationen fällt (das heißt den Einsatz von Gewalt nicht anordnen kann), habe sie ermächtigt, Flugverbotszonen einzurichten und ihre regelmäßigen Bombenangriffe zur Durchsetzung dieser Zonen abzuhalten. Einmal mehr wird wahrscheinlich, dass die USA behaupten werden, auch diese neue Resolution ermächtige zu einem Krieg, und es wird wichtig sein darzutun, dass dem nicht so ist.«

[Zusammengestellt vom Institute for Public Accuracy am 13. November 2002. Koordiniert wurde die Befragung von Zeynep Toufe und IPA-Kommunikationsdirektor Sam Husseini]

Die Autoren danken den Mitarbeitern des Institute for Public Accuracy – Hollie Ainbinder, Sam Husseini, Cynthia Skow und David Zupan – für ihre unschätzbare Mitwirkung und Hilfe.

Ich war Saddams Sohn

Aus Angst vor Anschlägen entwickelte Saddam Hussein ein raffiniertes System von Doppelgängern für sich und seine Familie. Einer von ihnen war Latif Yahia: Über Jahre wurde er gezwungen, Odai Hussein, den zweitmächtigsten Mann im Irak, zu doubeln. Diese Position verschaffte ihm einzigartige Einblicke in das grausame Zusammenspiel von Terror und zügelloser Machtausübung, auf dem Saddam Husseins Herrschaftsapparat beruht – eine Erfahrung, für die er mehr als einmal fast mit dem Leben gezahlt hätte.
Die Geschichte des Latif Yahia ist in gleicher Weise erschütternder persönlicher Bericht, mitreißender Lesestoff und ein Zeitdokument von hoher aktueller Brisanz.

»Dies ist die packende Geschichte
eines Mannes, der zuviel weiß.«

Wall Street Journal

Latif Yahia · Karl Wendl
Ich war Saddams Sohn
Als Doppelgänger
im Dienst des irakischen Diktators Hussein
ISBN 3-4442-15249-6

GOLDMANN